語る歴史、聞く歴史

——オーラル・ヒストリーの現場から

大門正克
Masakatsu Okado

岩波新書
1693

はじめに
――「語る歴史、聞く歴史」から開ける世界

二一世紀初頭の現在は、語ること、聞くことへの関心がひろがっている時代なのではないだろうか。

たとえば、自治体や大学、カルチャーセンターなどには、聞き取りや聞き書きの講座・講義、聞き書きボランティア養成講座などがあり、全国から選ばれた高校生が、森・川・海に深くかかわる人を訪ね、ものの考え方や生き方、知恵や技《わざ》について聞き書きをする「聞き書き甲子園」が、二〇〇二年から続いている。過去の経験を聞くオーラル・ヒストリーという言葉も、しだいに知られるようになってきた。カウンセリングや、カウンセリングにおけるコミュニケーションの技法の一つである傾聴が広くとりくまれている背景にも、語ること、聞くことへの関心があるように思われる。

私もまた、歴史を調べるために各地に出かけ、史料を探すだけでなく、人と会い、話を聞いてきた。人に話を聞くために出かけることも少なくない。数えてみれば四〇年近くたっている。語ること、聞くことへの関心について考えていたときに、今までの歴史のなかで、語ること

や聞くことはどのような位置をしめていたのかということが気になった。たとえば、日本でいえば、文字が優勢になった明治以降の時代のなかで、語ることや聞くことは、人びとの生活のなかでどのような比重をしめていたのだろうか。そのようなことに思いをめぐらせていたときに、戦前の日本で熱心に聞き書きをした篠田《しのだ》鉱造《こうぞう》を思い出した。

篠田は、幕末や明治維新のころをよく知る人から話を聞き、今でいう聞き書きを新聞に連載した。篠田によれば、幕末から明治・大正のころには、「話上手《はなしじょうず》」といわれる人たちがいて、話の場面を「自然と耳から入って眼へ展開」するように話したという。篠田の祖母も「話上手」で、「舞台の模様が、浮き上って」くるように話した。篠田を評したある人は、「話上手」には篠田のような「聞上手《ききじょうず》」がいたという。篠田が聞き書きにとりくんだのは、一〇代のころに預けられた理髪場で「世間話、浮世話」を聞き、その面白さにとりつかれたからだった。篠田の書いたものからは、語ることと聞くこと、書くことが共存していた時代が浮かび上がってくる。

聞き取りやオーラル・ヒストリーといえば、今を生きる人が同時代の人に話を聞くことであり、同時代を対象にしていると思われているようである。たしかにそういう側面があるが、篠田の例からわかるように、文字が普及しても語ることが大事な役割をはたしていた時代があった。その点をふまえれば、聞き取りやオーラル・ヒストリーを同時代のテーマに限定せずに、広い歴史の視野のなかで検討する必要があるのではないか。

そのような関心のなかで読んだ瀬川清子《せがわきよこ》の本はすこぶる面白かった。瀬川は柳田国男《やなぎたくにお》に師事した人である。柳田は聞き書きによって『遠野《とおの》物語』を書き、民俗学をうちたてた。瀬川の本には、全国を旅するなかで生活世界に分け入って聞いた女性たちの語る声が書きとめられている。戦前の女性の声を書きとめているのは、篠田や瀬川くらいであり、貴重な仕事である。瀬川の本が面白かったのは、女性たちとともに、瀬川の声も書きとめられていたからである。篠田と柳田の本には本人は登場しない。それに対して瀬川の本には瀬川本人が登場する。篠田や柳田とくらべたとき、瀬川は自らも登場させることで、さりげなく、聞き書きにおける聞くことや聞き手の役割が大事であることを書きとめていたように思われる。

歴史のなかの語ること、聞くこと、書くことに関心をもち、戦前から戦後の日本の歴史を訪ねてみた。すると、そこには、文字を中心にした今までの歴史では見えていなかった大変に興味深い世界がひろがっていた。語り手や聞き手の声が聞こえる世界であり、沈黙や表情を含め、生身の人間同士が向き合った歴史の場面であって、人びとの生きられた歴史を垣間見ることができる。聞き手は自らの登場の有無を含め、さまざまな工夫をして書きとめていた。

本書は、語ること、聞くことへの関心に導かれ、主に明治以降から現在に至る日本の近現代を対象にして、語ること、聞くこと、叙述することの歴史に照準を合わせた本である。語ることと、聞くことと関連して、読むことの歴史については、日本の前田愛や永嶺重敏、フランスのアナール学派のロジェ・シャルチエなどの本がいくつも浮かぶ。それに対して、語ること、聞くことの歴史になると、のちに紹介するように、ヨーロッパ史の大黒俊二や長谷川まゆ帆が検討しているものの、これらをまとめて検討したものは、残念ながらほとんどないのが現状である。

本書では、語ることと聞くことの場面を〈現場〉と名づけ、歴史と現在の〈現場〉を訪ねる。語ることと聞くことの〈現場〉は実にさまざまである。たとえば、先に紹介をした「話上手」の人がいる時代の〈現場〉があり、文字を自ら残すことが少ない人びとから意識的に話を聞く〈現場〉もあった。文字に残りにくい歴史とは、たとえば女性の歴史であり、沖縄やアイヌの歴史、在日朝鮮人や被差別部落の歴史などである。本書からは、歴史と現在の〈現場〉に加えて、語ることと聞くことへの関心は時代によって強弱があり、戦争体験と戦後の出発は、聞き取りを促す契機になったことなども見えてくる。

この本では、私が四〇年近くとりくんできた聞き取り経験についても、検討の俎上《そじょう》にのせたい。私の聞き取りには、どのような〈現場〉があり、一九七〇年代末から私は、なぜ、どのようにして聞き取りにとりくんできたのか、語ることと聞くことの歴史の〈現場〉を検証する一事例として提示できると思うからだ。なお、本文では、私が調査で会った方々などには敬称をつけさせていただき、それ以外の方々は敬称を省略させていただいた。おゆるしいただきたく思う。

本書のタイトルを『語る歴史、聞く歴史――オーラル・ヒストリーの現場から』とした。オーラル・ヒストリーという言葉は、しだいに知られるようになってきたので、サブタイトルにすえた。語る、聞くことは歴史のなかで連綿と続けられてきたことであり、それらを叙述することも試みられてきたので、本書では、オーラル・ヒストリーも包含する言葉として、「語る歴史、聞く歴史」という表現を選んだ。聞き慣れない表現かと思うが、「語る歴史、聞く歴史」と歴史叙述を視野におさめ、オーラル・ヒストリーもそのなかに位置づけてみれば、もっと広い歴史の視野のなかで語ることと聞くことやオーラル・ヒストリーについて考えることができる。

語ること、聞くことの〈現場〉は、現在を生きる私たちにとっても、歴史のなかの人びとにとっても大切なものである。語ることと聞くことの〈現場〉を通して歴史のなかに生気を吹き込み、歴史を生き生きとしたものとして検証するとともに、〈現場〉を通して歴史と現在の接点を考えたく思っている。「語る歴史、聞く歴史」には、歴史や歴史学のあり方を問い直す可能性が含まれていると思っている。

本書では、各章を日本の近現代の時間の経過にそって構成し、前の内容にもどりながら後の内容を叙述し、時代の推移と相互のかかわりを考察している。

第1章「声の歴史をたどる——幕末維新の回顧録から柳田民俗学まで」では、主に幕末維新期から敗戦ごろまでの「語る歴史、聞く歴史」について、政治を聞く歴史や速記、『福翁《ふくおう》自伝』、『光雲《こううん》懐古談』、「話上手」の時代、柳田国男、瀬川清子らをとりあげている。今まで、これらの断片がとりあげられることはあったが、明治期から敗戦までの「語る歴史、聞く歴史」をまとめてとりあげるのは、はじめてのことだと思う。

第2章「戦後の時代と「聞く歴史」の深化——戦争体験を中心にして」と第3章「女性が女性の経験を聞く——森崎和江・山崎朋子・古庄ゆき子の仕事から」では、戦後の一九八〇年代ごろまでの「語る歴史、聞く歴史」をとりあげる。第2章では、戦争体験を聞く歴史を中心にして、政治を聞く歴史を加えて検討し、第3章では、戦後の「語る歴史、聞く歴史」のもう一つの特徴である女性をめぐり、主に、森崎和江、山崎朋子、古庄ゆき子の三人の〈現場〉を訪ねるなかで検証する。

第4章「聞き取りという営み——私の農村調査から」と第5章「聞き取りを歴史叙述にいかす」では、私自身の聞き取り経験などを振り返る。とくに焦点を合わせているのは、「聞く」ということであり、「語る歴史、聞く歴史」をふまえて歴史を叙述するということである。

第6章「歴史のひろがり／歴史学の可能性」では、一九九〇年代から現在に至る「語る歴史、聞く歴史」のひろがりを確認したうえで、「語る歴史、聞く歴史」の特徴や可能性を探り、二一世紀における歴史と歴史学のあり方を考える。

「語る歴史、聞く歴史」は、歴史のなかで連綿と行われてきたことであるとともに、今を生きる私たちにとってもごく身近な事柄である。今まで、もっぱら文字史料に依拠して理解してきた歴史や歴史学は、「語る歴史、聞く歴史」を通してどのような世界を開くのか、みなさんと一緒に見届けたい。

目　次

第1章　声の歴史をたどる
——幕末維新の回顧録から柳田民俗学まで

語る歴史を文字にする試み

幕末維新をへて新しい時代に入るなかで、人が語ることを聞いて受けとめ、それを文字にする試みがあらわれてきた。語る歴史を文字にする試みにかかわって、二つのエピソードを紹介しておきたい。

田鎖鋼紀《たくさりこうき》は、日本における速記の創始者として有名であり、田鎖によって開発された速記は、講談や落語、政治や裁判、座談会など各方面で活用され、明治以降における語る歴史を文字にする流れに棹《さお》さした。田鎖が速記法の開発に向かう遠因には、幼いときに体験したあるエピソードがあったという（福岡隆『日本速記事始』一九七八年）。一八五四年に生まれた田鎖が五、六歳のとき、祖父が南部藩士を集めて、軍学である『武門要鑑抄《ぶもんようかんしょう》国政伝』などを講述した際に傍聴し、わずかに覚えた平がな、片かなで、「ああ、これをことばどおりに残らず書き取れたら、さぞ面白いだろうな」と思ったが、もちろん写せるものではなかったというエピソードである。速記法開発後、田鎖はよくこのエピソードを紹介したという。

もう一つ、彫刻家の高村光雲《たかむらこううん》が語った話をまとめた『光雲懐古談』が一九二九年に発刊されている。光雲が語った話を聞いたのは息子の光太郎《こうたろう》と作家の田村松魚《しょうぎょ》であり、本書でもとりあげたこの書物がつくられる由来について、田村は、「私たちはかねてから、先生の昔ばなしを聴きたく希望していた」と述べ、光雲の「聞き書き」を行うようになったとしている。

二つのエピソードには共通性がある。それは、語ることと聞くことが重要な意味をもっていたということである。田鎖は幼かったとはいえ、祖父が語ったことを聞いて関心をもった。田村たちも、かねてから光雲が語る昔話を聞きたく思っていた。「語る」ということが大事な役割をはたしていた時代があり、「語る」ことを受けとめる「聞く」もまた大切な役割を担っていた時代があったのである。そこから、「語る」ことを何らかのかたちにしたいという思いがわき、田鎖は、語られたことを「ことばどおりに残らず書き取れ」る方法として速記の開発に向かい、田村たちは、「聞き書き」という方法で書きとめたことになる。

幕末維新期から昭和戦前期に至る時代は、語ることと聞くことが重要な意味をもっていた時代であった。このなかで、人びとは、どのようにして語り、聞き、書きとめたのか、本章は、この時代を、「語る歴史、聞く歴史」として描く試みである。

人は話を聞き、語ってきた——声と文字のあいだ

文字が普及し、印刷技術が発達するまで、庶民のあいだでは、生活や文化、政治に至るまで声が重要な役割をはたしていた。文字がひろがり、活版印刷技術などが発達するようになると、

声の文化から文字の文化へと移っていった。ただし、その過程には、声の文化と文字の文化が共存する長い時間があった。

長谷川まゆ帆は、近世期ヨーロッパの「個人の語り」を検討した論文に「オーラルとエクリの間《あわい》」という印象的なタイトルをつけている。「エクリ」とは「書かれたもの」のことであり、近世期のヨーロッパでは、活版印刷技術が発達しても、オーラル(声の文化)とエクリ(文字の文化)が相互に刺激し合い、声の文化が長く残っていたことを明らかにしており、大変に興味深い。

活版技術の発達が文書行政を発達・整備させるようになると、一般の民衆のあいだでもさまざまな証書や契約文書が必要になり、代訴人や公証人、代書屋の役割は、むしろますます高まった。「読むこと」と「書くこと」がしだいに日常生活にも浸透し、書簡や覚書、日記、自伝の時代がやってくる。ただし、活版印刷と活字の普及は、手書きを衰退させるのではなく、むしろ手書きを刺激し、活字と手書き、読み書きが相互に刺激し合う時代が到来した。近世に先立つ中世イタリア史に関する大黒俊二の研究では、少しだけ書くことができる人が少なからずいたことに注目して、それらの人びとのリテラシーを「限界リテラシー」と呼んでいる(大黒「文字のかなたに声を聴く」二〇一四年)。

活字と手書きのひろがりは、オーラルを衰退させるのではなく、むしろオーラルを刺激する時代があったことに留意したい。オーラルは文字に書きとめられ、書きとめられたオーラルは、あらためて声に出して読まれることで、想像以上に多くの人びとの耳に届けられた。音読の時代であり、識字率が低いなかでも、活字と手書き、代書、読み書き、音読などが相互に刺激し合う時代が長く続いたのである。

前近代における歴史の編さんと聞く歴史

声の文化と文字の文化が共存するなかで、歴史が編さんされ、歴史にかかわる文書が作成されるようになった。日本では、古代以来、天皇を中心とする国家あるいは幕府は、国史の編修に力を注いできた。国史の編修や文章をまとめる際に、人に話を聞いたことを含めることは、古くから行われてきたことであった（坂本太郎『修史と史学』、塚原鉄雄「日本の書物における聞き書の伝統」など）。

たとえば、『古事記』は、諸氏族に伝来する「帝記」（皇室の系譜や伝承）や「旧辞」（神話や説話、歌謡等）に誤りが多いことを憂慮した天武天皇が稗田阿礼《ひえだのあれ》に正しい記録を誦習させたことに始まるものであり、稗田阿礼が誦習した内容を太安万侶《おおのやすまろ》が筆録するかたちで編さんされたとされている。

人に話を聞いたことを文章にしたり歴史として編さんすることは、中世にひろがっている。

たとえば、『大和物語《やまと》』は、「聞書《ききがき》」として成立した説話集であり、仮名表現で定着した最初の説話集であって、説話集にはそのほかに『今昔物語集《こんじゃく》』などがあった。中世になると、物語風の歴史の編さんが盛んになり、『大鏡《おおかがみ》』は二人の老人が見聞した古今の思い出を語るものであり、天皇、藤原氏などの歴史が紀伝体で編さんされ、仮名文であった。『古事記』は漢文であったこと、『大鏡』以前の歴史書の『栄花物語《えいが》』は編年体であったこととくらべれば、中世になると、聞くことを含めて歴史の編さんスタイルに大きな変化があらわれたといえる。『今《いま》鏡《かがみ》』『水鏡《みずかがみ》』『増鏡《ますかがみ》』も『大鏡』と同様の編さんスタイルであった。中世中期から室町時代になると、仏教、儒教、歌道、医術などで、典籍を講義したり、見解を講述したりしたものを筆録して「聞書」と称するようになった。歴史のなかで「聞書」という言葉が出現するのは、このころからのことであり、直接間接に他人から聞いた事柄を文書に記録する行為を「聞書」と呼ぶようになった。

このような流れは、しかし、江戸時代に入ると大きく変わる。明治以降に続く文書史料にもとづく歴史書の編さんが志向されたからである。江戸時代を代表する歴史書である『本朝通《ほんちょうつ》鑑《がん》』は、編年体による歴史書であり、幕命で諸家の記録を提出させて編さんをめざしたが、記録が十分に集まらず、古文書利用も少ないかたちで編さんせざるをえなかった。そのことをふまえた『大日本史』は、史料の採訪を旺盛に行い、記事の下に出典を記載し、紀伝体によって編さんされた。

近代の歴史学の成立と政治を聞く歴史

明治に入り、明治国家は国家の歴史(国史＝正史)の編さんをめざし、早くも一八七五年には修史局を開設し、その後、一八七七年に修史館に改編して、国史編さんの体制整備を進めた。ただし、国史編さんをめぐっては、史料収集か正史叙述か、中国に発する編年体・紀伝体・紀事本末体のいずれを選ぶか、文明史など欧米の歴史学をいかに受けとめるか、叙述の文体は漢文か和文かなど、出発点から幾多の問題があり(永原慶二『20世紀日本の歴史学』二〇〇三年)、曲折をへることになった。その後、修史事業は、一八八八年に帝国大学に移管され、帝国大学には臨時編年史編纂掛がおかれ(のちに史料編纂掛設置)、政治史中心に編年で史料を配する『大日本史料』の編さんが開始された。このころ、帝国大学には国史科と西洋史中心の史学科が設置され、国史科に考証主義の重野《しげの》安繹《やすつぐ》や久米《くめ》邦武《くにたけ》、星野恒《ほしのひさし》らが教授として赴任した。一八八九年、学術団体として史学会が創設されて初代会長に重野がなり、『史学会雑誌』(のちに『史学雑誌』)が発刊された。こうして帝国大学では、政治史中心のアカデミズム実証主義歴史学が形成されることになった。

明治以降の以上の歴史とのかかわりで、「語る歴史、聞く歴史」を主題とする本書にとって興味深いことは、重野や久米らが史学会のもとで旧幕時代の「書外の事実」を「故老」に聞く会を一八九一年から始めたことである(進士慶幹「『旧事諮問録』について」)。「書外の事実」とは、文字史料では収集できない事実のことであり、この会は第三回から「旧事諮問会《きゅうじしもんかい》」と称するようになった。

この会の第一回は、「将軍の起居動作等」をテーマにして一八九一年一月三一日、神田の玉《ぎょく》川堂《せんどう》で開かれ、旧幕の坪内定益と松浦信寔が招かれて重野ら八名の参加者による質問に答えている。第一回の冒頭は、次のように記録されている(『旧事諮問録』)。

◎問　御小姓《おこしょう》とは、どういうものでありますか。

◎答　御小姓と申すは、以前御側向《おそばむ》きの事をいたしている役であります。それに頭取《とうどり》がありまして、御小姓の中の頭《かしら》であります。

◎問　御小納戸《おこなんど》とは、いずれが上格でありますか。

◎答　小姓は御小納戸より上に立っております。世間では御小納戸の方が重いと思いましょうが、小姓の方が格式が上であります。

問いがあって答えがある、現在でもなじみのある聞き取りの記録方法である。それでは当時、このような記録がなぜ可能だったのか。それは速記によってである。この会は、「毎回の質疑応答の速記録」を刊行することにしており、第一回の速記者は村上五郎、助筆が伊内太郎であり、速記録は一八九二年の第一一回まで刊行されている。田鎖綱紀によって始められた速記により、明治期の日本では、速記を用いた活字文化が急速にひろがった。『旧事諮問録』もその一つである。

『旧事諮問録』を二つの面から位置づけておく。一つは、前近代とのかかわりであり、人に聞いたことを書くことは、中世以来、説話集や仏教、儒教、歌道、医術などの「聞書」としてすでに存在していた。だが、そこでは語り手と聞き手は明瞭に区別されていたわけではなく、渾然一体としている場合もあった。それに対して、『旧事諮問録』では、聞き手(問)と語り手(答)が明確に区別されていた。聞き手が尋ねて語り手が語る聞き取りの誕生であり、この聞き取りスタイルは速記によって可能になった。文語体がまだ隆盛だった明治中期にあって、『旧事諮問録』が口語体で書かれたのは、何よりも速記によったからであった。

二つ目として、『旧事諮問録』は、旧幕時代について聞き手が尋ねて「書外の事実」を確認することを目的としており、帝国大学の史料編纂掛と国史科で開始された、文字史料による政治史中心のアカデミズム実証主義歴史学を補完する役割を担うものであった。これ以降、現在に至るまで続く政治中心のオーラル・ヒストリーの出発点は、明治前期における、『旧事諮問録』をはじめとした旧幕時代の聞き取りにあり、それらは文字史料による実証主義歴史学の補完的役割を担うものと位置づけることができる。

明治時代の速記と幕末維新回顧ブーム

明治に入ってからも、読み聞かせによる音読の時代が長く続いたことは、音読から黙読への転換に近代読者の成立の意味を見出した前田愛の仕事からもわかることであろう。一人の読み手を囲んで数人の聞き手が聴き入る共同体的な読書は、明治以降も長く存続した。

このことに、明治初期以降、ジャーナリズムの発展とともに需要の高まった速記を重ねて考えてみよう。明治維新後、西洋の速記が紹介されるなかで、田鎖綱紀は、一八八二年に「日本傍聴記録法」を発表し、講習会を開いて速記の普及につとめた。

速記は次の二つの方面で活用された。一つは、落語や講談など、話芸を速記して刊行する速記本であり、一八八四年、三遊亭円朝《さんゆうていえんちょう》口演の『牡丹燈籠《ぼたんどうろう》』が速記本として発刊された。明治時代に入り、文語ではなく、話し言葉に近い口語体を用いて文章を書く言文一致運動がおきていた。二葉亭四迷は、言文一致の代表作となる『浮雲《うきぐも》』を書くとき、円朝口演の速記本を参考にしたといわれており、速記本は言文一致の風潮と一体となりながらひろがっていった。『牡丹燈籠』以後、落語や講談の速記本が相次いで刊行された。一八八九年には、落語・講談速記の専門誌『百花園』が創刊され、一九一一年には速記講談を主とした『講談倶楽部』も創刊された。前近代において「聞書」と称された書物と同様の書物が、速記によって新たに登場したのである。

速記本『牡丹燈籠』の一節を引用してみよう。

伴蔵一人酒を飲んで待っているうちに、八ツの鐘が忍《しのぶ》ケ岡《おか》に響いて聞えますと、一際《ひときわ》世間がしんといたし、水の流れも止り、草木も眠るというくらいで、壁にすだく蟋蟀《こおろぎ》の声も幽《かす》かに哀《あわれ》を催おし、物凄く、清水の下《もと》からいつもの通り駒下駄の音高くカランコロンカランコロンと聞えましたから、伴蔵は来たなと思うと身の毛もぞっと縮まるほど怖ろしく、かたまって、様子を窺《うかが》っていると(後略)

円朝の名調子が伝わってくるような記述である。

速記本の隆盛は、読み聞かせの時代が長く続いたことの証左でもあった。第4章で紹介する私の農村調査のなかで、山梨県落合村(現南アルプス市)の新津隆《にいつたかし》さんの青年時代の日記に接した。隆さんが一七歳のとき、一九二三年の日記には、読み聞かせ(音読)と黙読が併存する興味深い場面が書きとめられている。「夜新津一雄君来る、私の祖母に講談を読んできかせている間、私は塩沢勝君に借りた「恭三の父」「金色夜叉」を飛びくに読む」(一月五日)。隆さんは当時、甲府市の農学校に通い、親戚の家に寄寓していた。友人が読み聞かせたのが速記本であったかどうかは不明だが、速記本の普及に支えられた講談の読み聞かせが長く続いていたことがよくわかるとともに、友人が読み聞かせをしているそばで、隆さんは黙読をしていた。

速記活用の二つ目は、政治やジャーナリズムの分野である。明治維新から二十数年がたったとき、維新の当時を知る古老が生存しているあいだに激動の時代を記録する気運が高まり、幕末維新の回顧ブームが訪れた。先の『旧事諮問録』に加えて、一八八八年には史談会が設立された。宮内省は、島津、毛利、山内、徳川の四家に対して旧藩の歴史調査を要請した。それを機に、岩倉、三条の両家を加えて各家の歴史を語る史談会がつくられ、『史談会速記録』が一八九二〜一九三八年まで四一一輯発刊された。史談会の母体になった諸家には歴史編さんの機関が存在していた。史談会設置以降、戦後に至るまで、歴史編さんの機関や歴史の研究会が関係者を招いて聞き取りと質疑応答を行い、『速記録』にまとめる集まりを史談会と称することが多かった。

史談会以降も、旧幕府出身者の親睦を目的に、「実歴談」や論考発表の場を兼ねた雑誌『同方会誌』(一八九六〜一九四一年)や、雑誌『旧幕府』(一八九七〜一九〇一年)が発刊されるなど、速記は政治の記録に盛んに活用された。帝国議会開設時から速記録が整備されたのも、このような流れの一環で理解することができよう。速記の活用はジャーナリズムでも見られ、たとえば、一八九五年に発刊された雑誌『太陽』では、著名人たちの談話が速記というかたちで掲載され、親しまれた。

『福翁自伝』

速記により自伝を編む試みも行われた。『福翁自伝』は、刊行を目的とした日本の自伝の先がけであり、一八九九年に発刊された。

慶應義塾の関係者は、西洋の学者が自伝をまとめることにならい、かねてより福沢諭吉に自伝の執筆をすすめていた（『福翁自伝』「初版序」）。福沢は、たまたま、ある外国人より求められて維新前後の「実歴談」を披露したとき、速記による口述筆記という方法を思い立った。福沢は、当時のありふれた年表を手にするだけで記憶によって語り、その内容を『時事新報』の記者だった矢野由次郎《よしじろう》が速記し、速記原稿を福沢が「校正」するかたちで口述筆記が進んだ。口述は毎月四回ずつ、一回四時間程度であり、原稿は『時事新報』に掲載されたのちに一書にまとめられた。

『福翁自伝』は口語体で平易に書かれている。その理由として、速記による口述筆記が考えられよう。文語体が優勢であった時代に、速記は口語体を推し進める役割をはたした。

『福翁自伝』については、速記原稿、福沢の校正加筆など、多くの史料が発掘されて校閲や研究が進んでいる。速記者と福沢の加筆についての詳細な検討によれば、速記者原稿率四四・三五％、福沢加筆率五五・三〇％となる（佐志傳『「福翁自傳」の研究　本文編』二〇〇六年）。このデータをふまえ、小林多寿子は、『福翁自伝』の約四割以上は、語りの場で福沢自身が語った言葉であるとし、福沢の加筆から福沢自身の声や家族の声など、多様な声を聞き取っている。

他方で、福沢の加筆率が五割以上であることをふまえれば、口語体は福沢自らが選択したことに留意する必要が出てくる。松沢弘陽は、『福翁自伝』の解説に、「自伝の「始造」――独立という物語」という絶妙なタイトルをつけている。福沢は、『文明論之概略《ぶんめいろんのがいりやく》』で、維新変革による新文明の建設を「始造」という言葉で表現した。『福翁自伝』は福沢による自伝の「始造」にほかならない。『福沢全集緒言』と『福沢全集』全五巻を自ら刊行した福沢は、すでに六〇歳をこえていた。福沢は『福翁自伝』で、自らの経験を「構成的」に「選択」して語っている。自己の生の終わりを見すえた福沢は、自伝という形式を選び、今までに試みたことがなかった、「生き生きした語りの文体」をとり、経験を選択的・構成的に語ることで、後世に向けて、「独立の手本を示さん」としたのではないか。「独立の手本を示さん」は『福翁自伝』のなかの小見出しであり、これが松沢による『福翁自伝』の読解である。

『福翁自伝』の一節を引用してみよう。傍線が速記による文章、傍線のない個所は福沢による加筆である(『「福翁自傳」の研究　本文編』)。

上野ではどん〳〵鉄砲を打て居る、けれども上野と新銭座とは二里も離れて居て鉄砲丸の飛で来る気遣はないと云うので、丁度あの時私は英書で経済《エコノミー》の講釈をして居ました(「王政維新」「上野の戦争」)

維新前後は私が著書翻訳を勉めた時代で、その著訳書の由来は福沢全集の緒言に記してあるから之を略しますが、元来私の著訳は真実私一人《ひとり》の発意《ほつい》で、他人の差図も受けねば他人に相談もせず、自分の思う通りに執筆して、時の漢学者は無論、朋友たる洋学者へ草稿を見せたこともなければ、まして序文題字など頼んだこともない（「王政維新」「著書翻訳一切独立」）
（現代仮名づかいにあらため、適宜読点を入れた。以下、同断）

松沢の解説からは学ぶことが多い。福沢は、速記による口述筆記に、さらに語り手である自分自身が書く歴史を加えることで『福翁自伝』を完成させた。語り口調と書き言葉が併存しており、「語る歴史、聞く歴史」のなかで、語り手がこれだけ加筆することは珍しい。その意味からすれば『福翁自伝』は、書かれた自伝としての性格の強い作品だといえよう。

『光雲懐古談』という座談

勝海舟《かつかいしゅう》や高村光雲など、当代きっての話上手だった人たちの談話をまとめた出版物も出された。勝海舟の話に魅せられた人は多く、海舟の語り口をいかした吉本襄《のぼる》『氷川清話《ひかわせいわ》』（一八九七年）や巌本善治《いわもとよしはる》『海舟余波《かいしゅうよは》』（一八九九年）が発刊されている。巌本は、一八九五年から毎週一、二回、海舟のところに通い、自宅にもどって昼間聞いた話をその夜のうちに書きとめる作業を続け、勝死没直後の一八九九年に『海舟余波』として発行、その後、一九三〇年に巌本自身が日付ごとに整理した『海舟座談』を発刊した。

座談の名手といわれた高村光雲は、息子の光太郎と田村松魚を相手に、生い立ちから彫刻家として名をなすまでを、幕末維新の世相風俗を交えて語り、田村の「聞き書き」をもとにして、一九二九年に『光雲懐古談』として刊行した。

『光雲懐古談』の一節を引用してみよう。

町内に安床《やすどこ》という床屋がありました。

それが私どもの行きつけの家《うち》であるから、私はお湯に這入《はい》って髪を結ってもらおうと、其所《そこ》へ行った。

「おう、光坊《みつぼう》か、お前、つい、この間頭《い》を結ったんじゃないか。浅草の観音様へでも行くのか」

主人の安さんがいいますので、

「イエ、明日《あす》、私は奉公に行くんです」

と答えますと、

「そうかい。奉公に行くのかい。お前は幾齢《いくつ》になった」

会話の再現を含めて場面が生き生きとよみがえる話しぶりであり、『福翁自伝』と同様に口語体で読みやすい。ただし、『福翁自伝』と『光雲懐古談』には大きな相違があった。速記と「聞き書き」の相違である。『光雲懐古談』に付された田村の文章から『光雲懐古談』の作成過程をたどるとこうである。

光太郎と田村は、かねてより光雲の「昔ばなしを聴きたく希望」しており、それがやっと一九二二年一一月一九日に実現した。それ以来、光雲は毎日曜日の夜に話すようになり、「静かな空気をこわすといけない」として、聞き手は光太郎と田村だけに限られた。光雲の話に対して、二人が質問をしたり話題を提供したりすることもあったが、「多くは、先生は口述的にポツポツと話し続けられ」た。光雲の話を、光太郎と田村が記憶しきることはできず、また多くの人に知ってもらいたいとの田村の思いから、「筆まめ」な田村が「口語のままに聞き書き」し、とくに多くの人に知らせたいことについては田村が光雲の意見を聞いたところ、「それはあなたの御勝手だ」とのことだったので、田村は「聞き書き」を清書して光雲に見てもらい、光雲が丹念に筆を入れて原稿が完成した。

同じ口語体であっても、『福翁自伝』と『光雲懐古談』では、相違点が多いことがわかるだろう。両者の相違点を含めて、『光雲懐古談』の特徴を指摘してみれば、まず『福翁自伝』は福沢の発案によるものだったが、『光雲懐古談』は光太郎と田村がかねてから「希望」していたものだった。光雲の話に対して二人が質問することは少なく、二人の希望にこたえて光雲が

「口述的にポツポツ」と話し続けたのは、まさに右の引用にあるように、自分の経験や記憶を会話も含めて生き生きと再現してみせることだった。福沢が自分の経験を選択的・構成的に語った(書いた)のとは対比的であり、人や場所を含めた場面の細部をよみがえらせるところに光雲の語り口の特徴があった。光雲が座談の名手とか話上手といわれた所以《ゆえん》は、場面を生き生きと再現させる話力にあったといえよう。

ただし、『光雲懐古談』は、光雲の話力のみで成り立ったのではなく、場面の再現にあたっては、聞き手である田村の役割が大きかったことにも留意する必要がある。速記ではなく「聞き書き」であり、田村が聞きたかった光雲の「昔ばなし」を「口語のままに聞き書き」することに、つまり光雲の語り口や話の内容をそこねることなく場面を再現することに田村は腐心したはずである。田村の「聞き書き」に光雲が丹念に筆を入れているとしても、『光雲懐古談』は、語り手である光雲と聞き手である田村の呼吸が合ったところで実現した作品だった。速記と聞き書きには、大きな相違があることがわかるだろう。

「話上手」の時代——篠田鉱造の『百話』

以上の速記や座談とくらべた場合、篠田鉱造がまとめた著作は、聞き取りの対象や時代状況などを考えるうえで重要な作品である。一八七一年に生まれ、一八九五年に報知新聞社に入った篠田は、古老からの聞き書きを「夏の夜物語」として連載し、一九〇五年に『幕末百話』として刊行した。『幕末百話』はそれほど売れなかったようだが、昭和に入り、折からの明治回顧ブームがやってくると『増補　幕末百話』(一九二九年)が発刊され、好評を博した。篠田は、その後、相次いで『明治百話』(一九三一年)と『幕末明治　女百話』(一九三二年)を発刊した。

篠田の『百話』には、ほかの速記や座談とは異なる特徴がある。すぐに気づくことは、篠田が話を集めた対象はほとんどが庶民だったことである。そこには次のようなわけがあった。一七歳のときに床屋に預けられた篠田は、そこで「理髪場の世間話、浮世話に喰い入ってしまい」、それ以来、「イキのいいナマの話、名づけて『実話』」が「私の鼓膜に、こびりついてしまった」という(篠田「私の実話主義」、傍点—原文)。また、篠田の祖母は「話上手」で、祖母の芝居の話を聞いていると、見ていないのに、「舞台の模様が、浮き上って来たものでした」という。祖母以外の「話上手」の人の場合も、その場面が「自然と耳から入って眼へ展開してくれました」という。篠田は、自らの方法を「実話主義」と呼び、「実話聴取と同時に、その気分を取入れないものは、実話でない」として、「実話」を探し求め、「気分」を取り入れて叙述することに腐心した。具体的には、語り手の口調を重視し、語り手が語っているような「気分」を大事にして叙述している。ここでは、『幕末明治　女百話』の一節を引用してみよう。

マアいろんなまぜこのお話になるんですが、詰《つま》らないお話でしょうが、新聞のない時代は、こんな冗《くだ》らない話でも、ソレからソレと言い伝えられて、感心もすれば、嘆息《ためいき》もしましたが、今では何もかも、新聞の紙上で、スッカリ解《わか》ってしまいますけれど、明治の初めといったら、人伝《ひとづて》でないと解りません。でもよくしたもので、誰かしら言伝えて、ソレキリ忘れっちもうのもありますが、生涯忘れずに、胸へ刻まれているお話もあります。(傍点—原文)

語り口調を大事にした篠田の叙述がよくわかり、『旧事諮問録』のような速記とは大いに異なる叙述である。それに加えて、この一節からは、明治の初めには「人伝」(言い伝え)が重要な役割をはたしていたこと、『幕末明治 女百話』が発刊された昭和の初めであっても、「言い伝え」を大事にする風潮が続いていたことがわかる。

篠田が「話上手」の庶民に出会ったのは一八九〇年前後のこと、篠田の『百話』からは「話上手」の庶民が多くいた時代が浮かび上がる。同時代の勝海舟も高村光雲も「話上手」であったが、かれらは名手といわれる著名人であったのに対して、篠田は一般の庶民のなかに「話上手」が多くいることを探りあてた。

「話上手」という言葉は、後述する柳田国男『遠野物語』(一九一〇年)の冒頭にも出てくる。「鏡石君は話上手にはあらざれども誠実なる人なり」。『遠野物語』のきっかけを得た佐々木喜《き》善《ぜん》(鏡石)についての寸評であり、柳田は「話上手」という言葉を使って、一九一〇年ごろの生活世界における話すことの比重の大きさについて注意を促しているといっていい。人びとの生活世界のなかの明治や大正の時代は、「話上手」の時代であったといっていいだろう。

声を記述する方法

声を記述する試みは、以上のように、明治以降もさまざまに行われていた。ひとたび記述された声は読み聞かせとして読まれ、文字、活字と声が同時に広く存続する時代が長く続いていた。声を記述した講談などの速記本、政治の記録、座談、篠田鉱造の『百話』の四つを並べてみると、いくつかの特徴が見えてくる。まず何よりも、これらの記述では、語り口調にそうことがめざされたので、言文一致の口語体を普及させる動きに棹さしたことである。

講談などの速記本と政治の記録は、いうまでもなく速記によるものであり、座談と『百話』は聞き書きによるもので、記述の方法が異なる。前者は記録を目的とし、後者は「気分」についても留意しようとする。他方で、政治の記録、座談、『百話』では聞き手の存在を前提にしているのに対して、語り手の語りの記録を目的にした講談などの速記本では、聞き手はあくまでも速記者にとどまる。聞き手を前提にした政治の記録、座談、『百話』のなかで、政治の記録の聞き手は質問者であるのに対して、座談と『百話』の聞き手は、語り手の語りを受けとめる役割を担う。いずれにおいても聞き手の役割は大きいのだが、聞き手は決して表に出ず、あくまでも語りを中心にして記述されている。

以上をふまえて、篠田の『百話』についてもう少し考察を進めたい。股旅《またたび》物の大衆小説で名をはせた長谷川伸《はせがわしん》は、篠田の後輩にあたる。長谷川は篠田を「翁」と呼び、『百話』三部作について興味深い指摘をしている。「翁の『百話物』は冗漫な速記と違って、簡潔で周到な筆記である。速記は言葉が写されているだけで、十中八九は、読者の感情が写されていない、翁の『百話物』はその点堂に入ったもので、筆記が神経をもっている」。聞き手が語りを記述するといっても、速記物と『百話』は異なる。速記は「言葉が写されているだけ」なのに対して、『百話』の筆記は「神経をもっている」と長谷川はいう（長谷川「百話物の三部篇」）。長谷川のいう「神経をもっている」ということは、篠田自身がいった「気分」を取り入れるということと同じであろう。

語り手の「気分」を取り入れた叙述に対して、篠田の本の解説を書いた森まゆみと紀田順一郎は、それぞれ異なる評価をしている。森は、『明治百話』は「文章が音となって立ち上がってくるようである。それは篠田の創作ではなかろう。きっと語尾のクセや特徴的な言い回しも書き止めておいたに違いない」と述べる。それに対して、紀田は、「談話体は客観的な叙述と異なり、話し手の人生観をそのまま浮き彫りにする」もので、篠田の『百話』は「一種の創作」だとする。

私は森と同様に『百話』は篠田の創作ではないと思う。それは、森がいうように、篠田が語り手の言い回しや口調を重視して叙述したからだが、それに加えて、篠田が一七歳(一八八八年)で床屋に預けられたことと「話上手」に、篠田の叙述の特徴を考える大事なヒントがあるように思う。篠田が実際に預けられたのは、小学校教師で漢学漢詩にすぐれていた床屋の息子であり、「読書」になじませたいとする祖父・父の配慮ゆえだった。漢学漢詩を学ぼうとする篠田の耳には、部屋の隣の理髪場から「世間話、浮世話」が聞こえてきて、篠田は「聴き惚れて」しまったという。

篠田のいう「話上手」とは、「舞台の模様が、浮き上って来た」り、場面が「自然と耳から入って眼へ展開」したりするような話ができた人のことである。一七歳で預けられた床屋にも、篠田の祖母やまわりにも、話の場面を「自然と耳から入って眼へ展開」できるように話せる「話上手」が多くいたのであろう。漢学漢詩の「読書」と「世間話」のエピソードには、語ることをめぐる時代の様相が映し出されている。文字や活字が普及しつつも、日々の生活のなかで声や語りが重要な役割をはたしていた時代には、いかに「話上手」に話せるかが大事な要件だったに違いない。写真が普及する以前には、場面の再現にあたって絵を画けることが大事なことだったのと同様に、場面を再現できるように話せることもまた大事なことであった。篠田が床屋で魅せられ、祖母に心酔したのは、再現するように語ることが大事な意味をもっていた時代ゆえのことであり、そのことに気づいた篠田は、語り手が再現するように語る「気分」を取り入れて叙述することに腐心したのである。篠田は、庶民における「話上手」の時代の「気分」を感受し、それを記述した人だった。

なお、篠田の『百話』に「序」にあたる文章を寄せた福良竹亭《ふくらちくてい》は、「聞き取り」の「聞き手」である篠田の役割に注目し、『百話』は、「談上手と聞上手と両々相待って初めて行われ」たものだと指摘していて興味深い（福良「箕面山麓より著者へ」）。篠田の『百話』には、聞き手である篠田は登場しないが、「話上手」を引き出した「聞上手」がいて、はじめて聞き取りが成り立ったとする福良の指摘は当を得ているであろう。この点は、高村光雲と田村松魚の組み合わせと同様だが、後述のように、時代をへるにつれて、聞き取りにおける「聞き手」の役割がしだいに認識され、自覚されるようになっていく。

篠田の本を読みながら、私が岩手県北上市和賀《わが》町の高橋フサさんから、二〇〇〇年代に何度も聞いた話を思い出した。戦後の生活記録について聞く話の合い間に、フサさんは幾度となく、幼い頃に祖母から聞いた話を私に聞かせてくれた。それはフサさんの祖母がまだ小さかったころのこと、幕末の冬に東北を平定するためにやってきた官軍が雪を「ギュッ、ギュッ」と踏みしめて和賀一帯を通過したという話である。官軍のこわさが雪を踏みしめる音と一体になって祖母からフサさんに受け継がれた話を、フサさんは祖母の語り口と「ギュッ、ギュッ」という音で再現してくれた。このような音と一体になった話を篠田は「気分」と呼んだのであろう。

以上のように考えれば、長谷川伸がいうように、聞いた話を叙述する場合、戦前には二つの方法が提起されていたと整理することができよう。一つは記録に重点をおくものであり、質問に対する語りをそのまま叙述しようとする方法であって、政治の記録が代表例である。もう一つは、語り方や語った内容とそのときの雰囲気、場面は連動しているという理解に立ち、場面も含めて叙述する方法であり、『光雲懐古談』や篠田の『百話』に代表される。

柳田国男と民俗学の誕生――アカデミズム歴史学への批判

戦前の「語る歴史、聞く歴史」において、大きな画期となったのが柳田国男の民俗学の誕生であった。

周知のように、柳田の著作の出発点には、『後狩詞記《のちのかりことばのき》』（一九〇九年）、『遠野《とおの》物語』（一九一〇年）、『石神問答《いしがみもんどう》』（一九一〇年）の三冊がある。このうち、『後狩詞記』と『遠野物語』は聞き書きにもとづく著作である。二冊の本には、いずれも一九〇八年の柳田の経験が刻まれている。前者は、その年、三か月におよぶ長い九州旅行に出かけた柳田が、宮崎県椎葉《しいば》村で村長中瀬淳から狩の故実を聞き、明治中期以降に鉄砲の普及で狩猟方法が大きく変化する以前の狩猟を山村の生業として書いたものである。後者のきっかけは、九州旅行から帰った柳田が、その年の一一月、岩手県遠野出身で早稲田の学生だった佐々木喜善(鏡石)と出会ったことにある。佐々木は祖父から聞いた遠野の昔話を克明に覚えており、それを聞いた柳田は大いに関心をもち、佐々木から話を聞き、遠野を訪ね、『遠野物語』をまとめた。

民俗学の出発点には、聞き書きがあったことに留意したい。農商務省の官僚だった柳田は全国の農村をまわるうちに、あるいは法制局参事官と兼任で内閣の記録課長となり、内閣文庫の管理に直接あたるうちに、膨大な記録は京都、大阪、東京といった都会と政治、偉人に集中していることに気づき、他方で農村で古老が伝える昔話や伝記・伝承のなかに人びとの大事な生活があることを知った。その際に、古老や村長の話を聞き、それを文章にする聞き書きが人びとの生活を知る導きとなった。

聞き書きを出発点として誕生した民俗学は、政治史から生活へ、文献から伝記・伝承へ、歴史上の視座の転換を強く要請し、政治史中心の官学アカデミズム歴史学を厳しく批判した。鹿野政直がいうように、柳田民俗学は、近代化のなかで忘れられようとした人びととその歴史に光をあてるものであり、近代化、中央からの文化の一方的流入に対する批判であって、「無告の民の苦しみを歴史の闇からひきだす」ものであった(鹿野政直『近代日本の民間学』一九八三年)。文字を書くことはできないが、伝記・伝承を含めて生活の慣習や作法が生き生きと機能している人びとを、柳田は「常民」と名づけた。柳田は、『遠野物語』の序にあたる文章で「平地人を戦慄せしめよ」と書いた。平野部の農村や都会に住む人びとにとって、山間奥地の常民の生活は想像すらできなかったにちがいない。だが、それは過去のことではなく、現在のことであり、常民の生活のなかに顧みるべき世界があると柳田は確信をした。柳田は、『遠野物語』を起点に民俗学の形成に向かうのである。

柳田国男の「聞く」

「この話はすべて遠野《とおの》の人佐々木鏡石君より聞きたり」
「鏡石君は話上手《はなしじょうず》にはあらざれども誠実なる人なり。自分もまた一字一句をも加減せず感じたるままを書きたり」

二つの文章は、『遠野物語』の序にあたる文章の冒頭におかれたものである。二つの文章のなかに、本書の主題である「語る歴史、聞く歴史」にかかわるエッセンスがつめこまれている。『遠野物語』の出発点には、「話上手」ではないものの、佐々木喜善が話す世界があった。話すことが生活のなかで重要な位置をしめていた時代にあって、喜善が話す世界があり、それに向き合うように喜善の話を聞く柳田がいた。「この話はすべて遠野の人」喜善から聞いたものだった。「遠野の人」喜善の話からは遠野の生活世界がひろがり、柳田をいたく刺激した。柳田は、「一字一句をも加減せず感じたるままを書きたり」。

柳田の「感じたるままを書きたり」については、桑原武夫が注意を喚起している(岩波文庫「解説」)。ふつうならば「聞きたるまま」と書くところを、柳田は「感じたるまま」と書いている。柳田は、喜善の話の内容はあらためていないが、「鏡石の語り口に満足できぬ」ので、「自己の責任において文章とした」のであり、「人間の心に関する事実は、その事実を書きしるす文章のあり方によって変容するということを柳田は感じ取っていたにちがいない」、これが桑原による『遠野物語』の理解であった。桑原の理解はそのとおりだと思う。『遠野物語』の一節を引用してみよう。

二二 佐々木氏の曽祖母《そうそぼ》年よりて死去せし時、棺《かん》に取り納《おさ》め親族の者集まりきてその夜は一同座敷にて寝たり。死者の娘にて乱心のため離縁せられたる婦人もまたその中にありき。喪《も》の間は火の気《け》を絶《た》やすことを忌《い》むがところの風《ふう》なれば、祖母と母との二人のみは、大なる囲炉裡《いろり》の両側《りょうがわ》に坐《すわ》り、母人《ははびと》は旁《かたわら》に炭籠《すみかご》を置き、おりおり炭を継《つ》ぎてありしに、ふと裏口の方より足音してくる者あるを見れば、亡《な》くなりし老女なり。

桑原がいうように、柳田は方言を使わず、簡潔に叙述している。

以上をまとめてみれば、『遠野物語』は、語る―聞く―遠野の生活世界―叙述する、という四つの要素によって成り立っている。四つの要素のなかで、桑原は叙述を重視して『遠野物語』を理解した。叙述は『遠野物語』にとって決定的に重要なのだが、私は、語る―聞く―遠野の生活世界—叙述する、という一連の関係のなかで『遠野物語』は誕生したのだと受けとめている。語ることと聞くことが生活のなかで重要な位置をしめていた時代のなかで、喜善が語り、柳田が聞く関係が十分に成り立っていたこと、そこにひろがる遠野の生活世界を受けとめて柳田が叙述したことで『遠野物語』は成り立ったのである。

明治以降の聞く歴史の叙述のなかに『遠野物語』を位置づけるとき、その輪郭はいっそう鮮明になる。明治に入って速記がひろがるなかで、『牡丹燈籠』のように、講談や落語を言文一致体で記述する聞く歴史や、『旧事諮問録』のように、尋ねたことと返答を記述する聞く歴史があらわれた。『遠野物語』の叙述は、これらの叙述と明らかに異なる。

一方で、篠田鉱造の『百話』と『遠野物語』には、語り手の語りに耳を傾ける点で共通性がある。ただし、先の引用からもわかるように、『百話』と『遠野物語』の叙述は大きく異なる。語り手の語り口の「気分」を叙述に反映しようとした『百話』に対して、『遠野物語』では、柳田が喜善の話を取捨選択し、文体にも留意して叙述されている。どのように叙述をすれば、「感じたるまま」に書いたことになるのか、柳田はそのことを自覚し、文体を選びとっている。明治以降、ここに、叙述を自覚し、文体を選びとった「語る歴史、聞く歴史」の叙述がはじめて登場したのである。

それまで政治家や偉人を対象にした政治史中心の歴史学、聞く歴史に対して、民俗学は常民に焦点を合わせ、視座の転換をはかるものであった。「エリート・オーラル」から「常民の伝記・伝承」へ、聞く歴史の転換を指摘できる。ただし、この転換は、政治家・偉人から常民へ、単に対象の変化を導いただけではない。明治以降の「語る歴史、聞く歴史」における『遠野物語』の画期性は、人に話を聞いて書くことのうちには、語る―聞く―生活世界―叙述するという一連の要素があり、「語る歴史、聞く歴史」はこれらの関係のなかで書かれることを、はじめて議論の俎上にのせたことにある。対象の転換とともに、「語る歴史、聞く歴史」のなかにある豊かな可能性を提示したこと、ここに『遠野物語』の画期性がある。

瀬川清子

一八九五年に秋田県で生まれた瀬川清子は、第一東京市立中学校で国語と漢文の教師をしていた一九三一年、夫と旅をした小笠原諸島の紀行文を一中の校友雑誌に掲載した。一九三三年、瀬川は『アサヒグラフ』に載った石川県能登半島沖の舳倉島《へぐらじま》の海女の写真に魅せられ、舳倉島に旅をして、約三週間海女と寝食をともにし、見聞をもとにして「舳倉の海女」をまとめた。これが柳田国男の目にとまって、柳田と比嘉春潮《ひがしゅんちょう》の編集による『嶋』一九三四年前期号に掲載され、以後、瀬川は柳田に師事することになる(川端道子編「年譜」)。

柳田は、女性の視点による民俗研究の必要性を常々説いていた。瀬川は、一九三六、三七年に、女性の視点から民俗の世界に進む大事なきっかけを得る。柳田の還暦の祝賀会が計画され、柳田の考えで日本民俗学講習会が開催、瀬川は一九三六年八月の第二回で「女性と労働」を、翌年一〇月の第三回で「海女の話」をそれぞれ講演した。一九三七年三月には日本民俗学講座婦人座談会が開かれ（のちに女性民俗学研究会（女の会）となる）、柳田が「婦人の労働と精神について」話し、ついで七月の日本民俗学講座婦人座談会には女性一七名、男性一〇名が参加、女性数名の報告のあとで、柳田は「婦人の採集が盛んになることを希望」している。これらの場所には、いずれも瀬川の姿があった。こうした機会に後押しされた瀬川は、戦時から戦後にかけて全国各地の農山漁村をめぐり、女性視点による民俗世界の開拓で大きな足跡を残した。

ここでは、瀬川の著作のなかに瀬川の「語る歴史、聞く歴史」の特徴をたどっておきたい。瀬川の著作は、エッセイや紀行文に近く、柔らかい叙述スタイルである。論文のように章節などを設けることはなく、ときに小見出しがある程度である。ただし、よく読むと、柔らかい叙述のなかにも骨格があることに気づく。瀬川の叙述には、語り手と聞き手（瀬川）の会話が挿入されていることが多く、瀬川は聞き取りによる会話を骨格にして叙述したのではないかと思う。

この点を瀬川の『海女記』（一九四二年）で確認してみよう。戦時期に柳田の監修によって「女性叢書」が刊行され、『海女記』がその一冊に加えられた。舳倉島以来、瀬川は終生にわたって各地の海女を訪ねている。山口県油谷《ゆや》湾の大浦もその一つであり、『海女記』のなかの「大浦の海女衆」には、瀬川が海女に語りかける、次のような会話が紹介されている。

「海女衆のくらしこそほんとうによい生活だと思うのに」

と云いますと、

「どこがいいのかい」

と、私の顔を覗きます。

「働くのも、元気なのも、そうして、自由に海の底に行けるのも」

四人の海女衆はフフウと笑い出しました。一番肥った一番快活な海女衆は、四十そこ〳〵の一人を指さして、

「あんた、この人はほめもんよ。若い身空でな、つれ合が、のう、あの波止の近くで死んだのさ、難船してな、その時は一晩に大勢死んだ、その家内は、残らず片付いたのに、この人は若かったのに、女をたて通して三人の子を育て上げた、ほめもんよ、この人は」

小説ではよく見かける会話であるが、これは小説ではなく、民俗学の文章である。戦後、長年にわたって瀬川とつきあいのあった民俗学者の鎌田久子によれば、瀬川は、調査ノートと活字になった書物とのあいだに「全く差のない」ことに特徴があり、「話をききながら書きとめたものが、そのまま文章になり活字になっている」という。

ここには大事な示唆がある。鎌田の指摘によれば、瀬川は調査で大事だと思うことを書きと

め、それを文章にしていた。その大事なもののなかに聞き取りによる会話があり、瀬川は、〈現場〉で得た会話に留意し、叙述では会話を骨格にすえることで、民俗学的な事象を考えていたように思われる。

戦前の「語る歴史、聞く歴史」のなかに瀬川を位置づけてみると、瀬川の特徴がいっそう際立つ。女性に話を聞いた点で、篠田鉱造と瀬川は相並ぶが、篠田は「気分」(語り口)を重視した叙述であり、聞き手である篠田はいっさい登場しない。柳田国男の『遠野物語』は、「語る歴史、聞く歴史」の画期をなす書物であったが、そこでも聞き手である柳田は表にあらわれない。聞き手であり、書き手が会話のかたちで叙述に登場するところに、瀬川の叙述の大きな特徴があったのであり、これは戦前のなかではじめてのことであった。

瀬川清子の「聞く」

瀬川はいうまでもなく女性であり、女性が女性から聞いた話を叙述することも、今までにないことであった。瀬川にとって、女性に聞くことはどのような意味をもっていたのか。瀬川は、「舳倉の海女」(一九三四年)のあとで、『海女記』(一九四二年)にも「舳倉島」を書いている。舳倉島についての二つの文章から、瀬川の「聞く」を探ってみたい。

瀬川の出発点に位置した「舳倉の海女」は調査報告書というのにふさわしく、見聞にもとづく内容が、「輪島の海士町」「海士の生産と労働」「舳倉島の生活」「住居」「衣服」などの項目ごとに記載されている。聞き取りも一部含まれているが、あくまでも調査報告を補完する役割にとどまる。それに対して「舳倉島」は、柔らかい叙述スタイルであり、瀬川の特徴的な文体で、夏の数か月を舳倉島でくらす海女たちの労働と生活が書かれている。二つの文章のあいだの変化については、『海女記』の「自序」に示唆がある。

「自序」で瀬川は、「その地の生活振りを理解する」ために「質問要項」を用意して全国を旅してきたが、「この旅で知った五島の島々の娘達の生活振りが、東北の山の中の、井戸の中の蛙のようだった私の堅い頭に、大きな衝撃を与えた」と述べる。山国育ちであった瀬川にとって、海女の働きとくらしぶりは大きな「衝撃」だった。「衝撃」を受けたことにかかわって、「舳倉島」の最後は次のように結ばれている。「この人達の間にいますと、女を弱い者、甲斐《かい》ないもの、と、思いがちであった心のやり場に困りました。健康な婦人の姿は、決してかよわいものでも、甲斐ない者でもありませんでした」。「舳倉島の婦人達は、輝くようにすばらしく頼もしい母の力を持って居りました。こうした一隅の生活の中に、私共を蘇らせてくれる力のあった事を、私は舳倉島の人達から教わったのであります」。

全国を旅した瀬川は、労働に支えられた海女たちの底抜けの明るさや健康な姿に衝撃と感銘を受け、そのような「一隅の生活」のなかにも「私共を蘇らせてくれる力」があることを教わった。そして、そのような力は、一地方に限ったことではなく、「関東の娘も東北の娘も、かつては凡てそうであった過去の姿」(「自序」)であることを理解したとして、全国各地をまわり、女性たちから生活の「力」を教わろうとした。瀬川は、とくに関心をもっていた衣生活におけるさまざまな工夫を女性たちの生活のなかにたどっている(『きもの』)。

旅をした瀬川がとくに関心をもったのは、女性の働きとくらしについてであり、衣生活における女性たちの工夫についてであった。この点についても、「自序」に印象的な記述がある。瀬川は、当初、「質問要項」に頼って予定していたことを聞き、「昔の人の考え方に辿りつこうと焦」ったが、しだいに「遠い昔の声々を、自分の生命の中に聞き分け」るようになったと述べる。旅のなかで「衝撃」を受けた瀬川は、「質問要項」で用意した聞き方ではなく、語り手の話に耳を傾けた結果、「声々」を深く「聞き分け」るようになった。そこから瀬川は、「一隅の生活」のなかにも「力」があることを教わるようになったのである。

瀬川は、女性が女性から経験を聞く先がけであった。篠田のように「気分」に耳を傾けるのではなく、全国各地の女性たちとの会話のなかから、女性たちの働きや生活上の役割、工夫がどのようにあるのかを聞き取り、それらにほのかな光をあてる仕事を続けた。先に引用した会話にも、女性たちの働きや生活ぶりに対する瀬川の関心がひそんでいるように思われる。生活世界への着目という点で柳田を継承しながらも、瀬川は、女性の「生活の力」を発見するに至っている。会話を骨格にした瀬川の叙述には、旅のなかで「衝撃」を受け、女性たちの「声々」を「聞き分け」るようになった瀬川の聞き方が反映している。そして、あとの章で述べるように、瀬川の足跡は、戦後の次の世代に受け継がれていった。

戦前の「語る歴史、聞く歴史」

今まで述べてきたことを含めて、戦前の「語る歴史、聞く歴史」を表にまとめてみた(表1)。明治以降の時代の大きな変化のなかで、幕末や維新、明治への関心が何回か波のようにあらわれた。一回目の波は、大日本帝国憲法や帝国議会が整備された一八九〇年代から一九〇〇年代ごろで、旧事諮問会や史談会の記録、『幕末百話』などが刊行された。

次の波は、一九二〇年代から三〇年代に押し寄せ、関東大震災と大正時代、昭和への改元などをきっかけとして、篠田の『増補　幕末百話』や『光雲懐古談』などが刊行された。関東大震災は、明治を振り返る大きな契機となり、震災後の一九二四年には、震災による明治期の文献などの焼失・散逸に対処するために、吉野作造《さくぞう》が、石井研堂《けんどう》・尾佐竹猛《おさたけたけき》・小野秀雄《ひでお》・宮武外《みやたけがい》骨《こつ》・藤井甚太郎《じんたろう》ら民間の研究者とともに明治文化研究会をつくった。この研究会は、古老の聞き取りや民間史料の収集を行う一方で、政治の記録に関心を示した。

明治期から戦時期にかけて、政治を聞く歴史が続いていることも興味深い。先に紹介をした史談会が一つの母体になり、一九一一年に文部省に維新史料編纂会が設置され、編さんのための聞き取りが行われた。同じく、一九一四年に、『明治天皇紀』編さんのために宮内省に設けられた臨時編修局（のちの臨時帝室編修局）でも、聞き取りが行われている。

政治を聞く歴史は、一九三七年、帝国憲法制定五〇周年の記念事業の一つとして衆議院に設置された憲政史編纂会に受け継がれている。憲政史編纂会は、委員長尾佐竹猛のもとで鈴木安蔵《やすぞう》、林茂らが、明治維新以来の憲法制度、議会政治・政党、地方制度、外交など憲政史に関連する史料の調査収集にあたる一方で、臨時帝室編修局の編纂官であった渡辺幾治郎《いくじろう》を中心にして、若槻礼次郎《わかつきれいじろう》や安達謙蔵《あだちけんぞう》などの政治家を招き、議会政治に関する談話速記を行った。編纂会は、戦中に活動を中断後、収集史料は、一九四九年に開室された国立国会図書館憲政資料室に引き継がれた。

以上の動向に講談や落語、議会やジャーナリズムなどで用いられた速記と民俗学を加えてみれば、戦前の「語る歴史、聞く歴史」には二つの方法があったと整理できよう。速記を用いて記録するものと、聞き書きによって語り方や場面を含めて叙述するものである。前者は政治の記録に代表され、後者は『光雲懐古談』や篠田鉱造の『百話』、民俗学が代表例である。

戦前の「語る歴史、聞く歴史」のなかで、民俗学は重要な位置をしめる。柳田国男は、政治史中心の「エリート・オーラル」だった「語る歴史、聞く歴史」の潮流に対して、「常民の伝

ム，民俗学など）

ジャーナリズム	篠田鉱造	民俗学	速　記
『太 陽』1895〜1928／『同胞会誌』1896〜1941／『旧幕府』1897〜1901	『幕末百話』1905		『牡丹燈籠』1884／『百花園』1889〜
		柳田国男『後狩詞記』1909／柳田国男『遠野物語』1910	『講談倶楽部』1911〜
	『増補 幕末百話』1929／『明治百話』1931／『幕末明治 女百話』1932	瀬川清子「舳倉の海女」1934	
		瀬川清子『海女記』1942	

表1　戦前の「語る歴史，聞く歴史」(政治，座談，ジャーナリズ

時期	政　　治	著名人の自伝，座談，聞き書きの本
明治期	史学会の旧事諮問会 1891〜93／「史談会速記録」411 輯まで，1892〜1938	『福翁自伝』1899／『海舟余波』1899
明治末〜大正期	維新史料編纂会(文部省)1911〜／宮内省の臨時編修局(のちの臨時帝室編修局)で『明治天皇紀』編さん 1914〜／明治文化研究会 1924〜	
昭和戦前		同好史談会編『漫談明治初年』1927／東京日日新聞編『戊辰物語』1928／子母沢寛『新選組始末記』1928／『光雲懐古談』1929／『海舟座談』1930
戦時期	衆議院に憲政史編纂会設置(帝国憲法制定 50 周年記念事業)1937〜／渡辺幾治郎(臨時帝室編修局の編纂官)を中心に「談話速記」	

記・伝承」を対峙させ、さらに、語る―聞く―生活世界―叙述するという一連の過程に焦点を合わせる方法を提示し、瀬川清子は、そこに聞き手である私も登場させて叙述した。民俗学は、「語る歴史、聞く歴史」の対象、方法、叙述を一挙に拡大する重要な役割を示したのである。

代書屋

文字の文化が普及し、識字率が向上した明治期以降になっても、広く残っていたものに代書がある。この点については、杉原達の興味深い指摘がある(『越境する民』一九九八年)。杉原は、済州島から大阪に越境してきた朝鮮人の歴史を描く冒頭で、上方落語の「代書」を紹介している。四代目桂米団治《かつらよねだんじ》は、自ら代書屋を営むとともに、新作落語「代書」を一九三九年に初演し、戦中・戦後に演じていた。そのなかに朝鮮にいる妹の渡航証明書を得るために朝鮮人が米団治のもとを訪れて、米団治とやりとりをする場面が描かれている。杉原は、米団治編集の『上方はなし』に記録された「代書」のなかで、耳に響いた済州島方言を米団治が落語の言葉として写し取っていたことに注目している。米団治が済州島方言を写し取ることができたのは、幾重もの歴史がこびりついている日本人と朝鮮人の関係のなかで、「職業上の体験と生活上の実感とに支えられた米団治」の「他者への豊かなまなざし」があったからだと指摘している。

杉原の議論の出発点におかれた代書とは、文字どおり他の人に代わって文書を書くことである。明治政府は、行政や法の制度設計にともなって官公署などに提出する書類を代書する代書人制度を明治初期に定め、第一次世界大戦後には一般代書人と司法代書人に分けた。現在の行政書士と司法書士の前身であり、米団治は一九三八年に一般代書人の資格をとって自宅で仕事を始めている。国民国家の建設にともない、明治政府は、近世には資格ではなかった代書という行為を資格として組み込んだのであり、それだけ文字で書くことが政治世界から一般の世界へおよんできたといえよう。

杉原の議論で興味深いことは、代書は地域や国家をこえた人びとの移動ともかかわり、異なる言語の人びとが接触するようになればなるほど求められる局面があったことである。日本語の渡航証明書を提出する必要があり、日本語で正式な書類をつくることのできない在日朝鮮人にとって、日本語で代書する代書屋は欠かせない存在であった。杉原の聞き取りによれば、米団治のもとには朝鮮人がくらし向きの細々したことまで相談にきており、代書屋のよしあしは口伝てでひろまったと指摘している。異なる言語を代書する代書屋の存在が欠かせないからこそ、そのまわりには声による口伝ての世界がひろがっていたのである。

戦時期の渡航証明書をめぐる米団治の「代書」からは、異なる言語が接触する局面でも、米団治の存在のように、代書には民衆生活を成り立たせる側面があったこと、ただし、代書には植民地統治を強化する側面があり、その波は、戦時下にも続いていたことがわかる。

声の文化の終焉と黙読の時代

米団治は、一九四八年には代書屋をたたんだようだという。一般代書人は、戦後に行政書士になるので法律書類などを代書する仕事自体は今でも続いているが、植民地統治の終焉にともない、米団治の代書屋も終了したのではないかと思う。

米団治の代書屋の終了は、同時に、声の文化から文字の文化へ、音読から黙読へ移行する時期と重なっていた。この移行にかかわって印象的なのは、先に引用した山梨の新津隆さんの日記である。講談の読み聞かせが書かれたのと同じ一九二三年の日記には、別に次の記載がある。

「夜昨年二月号の太陽、小川未明氏の「夜の群」を家の人に聞かせる」(同年二月一六日)。これもまた読み聞かせの記載なのだが、ただし、ここで読まれたのは講談や落語ではなく、小川未《み》明《めい》の「社会主義的色彩の濃厚」な「労働者対資本家」の「対照」を扱った小説である。読んだ隆さんは、家の人は小説に「理解なんてものは露程《つゆほど》もない」と腹立たしい気持ちを書きとめ、とくに叔父さんの「無智に怖ろしさを感じた」といい、叔父さんは「一代にして分限《ぶんげん》」となった人で(分限とは金持ちのこと)、「極端なエゴイストだ」とまで述べている。最後は、「嗚呼《ああ》！総《すべ》てなる農民の大多数が、皆これではあるまいか。覚醒は何処《いずこ》、何時《いつ》訪れ来る」と結ばれている。

ここにあるのは思想の対立である。だが、その底流では、講談を読み聞かせる共同体的な関係が希薄になり、新しい思想の本や小説を黙読する個人の時代が到来していたのであり、この日記はその転換の象徴だった。前田愛のいう黙読（近代読者）の時代が静かに、しかし確実に訪れていたのであり、その流れが読み聞かせや代書、代筆など、文字と声が共存する時代を縮小させていった。声の文化や「話上手」が終焉を迎え、黙読の時代がやってきたのである。

第2章　戦後の時代と「聞く歴史」の深化

――戦争体験を中心にして

一九五〇～六〇年代の「語る歴史、聞く歴史」

敗戦後から現在に至るまでの「語る歴史、聞く歴史」のアウトラインをたどると、三つの画期があることがわかる。一九五〇～六〇年代と一九七〇～八〇年代、そして一九九〇年代以降から二一世紀の現在である。戦後の「語る歴史、聞く歴史」は、三つの画期をへるなかでひろがりと深化を見せてきた。このうちの最初の二つの画期についてまとめた表2と表3をもとに、二つの画期の特徴を確認しておきたい。

最初の画期は一九五〇～六〇年代である。この時代には、政治を聞く歴史が戦前から継続している。断続的にではあれ、戦前から戦後にかけてもっとも長く続いているのは政治を聞く歴史であった。政治と関連して大蔵省や通産省などの行政でも聞く歴史が行われ、一九六〇年代以降、ジャーナリズムの分野でも聞く歴史が行われた。ジャーナリズムの聞く歴史は、戦前からの系譜をたどることができる。

それに対して、戦後に新たに登場したのは、植民地／在日朝鮮人／アジア、女性、労働／社会運動などの領域だった。植民地については、朝鮮総督府の元官僚が若い朝鮮史研究者に声をかけて朝鮮近代史料研究会をつくり、一九五八年から総督府関係者の聞き取りが始められた。

朝鮮人強制連行についての聞く歴史も行われている。女性の生活や戦争の経験をめぐり、女性自身や地域の学校教育・社会教育などにかかわる人びとが聞き取りにとりくんでいる。労働／社会運動では、炭坑をめぐり、記録文学の一環として上野英信《えいしん》が聞く歴史を行い、戦前社会運動の研究の一環として日雇労働者や造船業の労働者に聞き取りが行われた。これらのなかで、とくに植民地／強制連行と女性の聞く歴史がとりくまれたのは、戦争と敗戦後という二つの大きな契機があったからであり、戦前には見られない戦後の「語る歴史、聞く歴史」の特徴であった。

ただし、一九五〇～六〇年代の「語る歴史、聞く歴史」は、閉じた組織や研究会のなかでとりくまれる場合が多く、出版物などを通じて社会に開かれていたのは、ジャーナリズムや女性などの分野、上野英信『追われゆく坑夫たち』(一九六〇年)、朴慶植《パクキョンシク》『朝鮮人強制連行の記録』(一九六五年)など一部の著作に限られていたことに留意する必要がある。ちなみに、同じ観点で戦前について確認すると、戦前には政治を聞く歴史が目につくかたちで刊行されることは少なかったものの、速記や聞き書きの出版物は多く、講談本の音読による読み聞かせも含めて、速記や聞き書きは戦前になじみのあるものだった。

他方で、前の章で指摘したように、第一次世界大戦と第二次世界大戦の二つの大戦のころから音読の時代が終焉を迎え、黙読の時代が本格的にやってきた。そのなかで、一九五〇年代に

植民地，戦争体験)

ジャーナリズム	植民地／在日朝鮮人／アジア	戦争体験
	朝鮮近代史料研究会，1958〜(穂積真六郎元朝鮮総督府殖産局長ら4人と，姜徳相，権寧旭，梶村秀樹，宮田節子の8人で130人の総督府関係者の録音記録418巻)	
日本新聞協会による新聞史聞き取り，1962〜97(のちに『別冊新聞研究 聴きとりでつづる新聞史』1〜34，1975〜98)／「昭和経済史への証言」『エコノミスト』1964〜66(のちに『昭和経済史への証言』上・中・下，1965〜66)／『昭和思想史への証言』1968／「昭和史の天皇」『読売新聞』1967〜75(のちに『昭和史の天皇』1〜30，1967〜76)	朴慶植『朝鮮人強制連行の記録』1965	
	むくげの会編『身世打鈴』1972／野添憲治『花岡事件の人たち』1975／金賛汀編『証言 朝鮮人強制連行』1975／加藤邦彦『一視同仁の果て』1979	『沖縄県史・沖縄戦記録1』1971／小林桂三郎編『中学生の聞き書き 戦火に生きた父母たち』1972／『沖縄県史・沖縄戦記録2』1974／『あの日の赤い雨――父母から聞いた空襲体験記録』1975／『高校生が聞いた高知市空襲の記録』1978
	内海愛子・村井吉敬『赤道下の朝鮮人叛乱』1980／林えいだい『強制連行・強制労働』1981／内海愛子『朝鮮人BC級戦犯の記録』1982	『宜野湾市史』3，1982／『浦添市史』5，1984

表2　戦後の「語る歴史，聞く歴史」1（政治，行政，ジャーナリズム，

時期	政　治	行　政	
		大蔵省	商工・通産
戦前〜戦後		「昭和財政史史談会記録」（財政史編さんにあたり150回以上聞き取り）	
一九四〇年代後半〜五〇年代後半		「戦後財政史口述資料」（『昭和財政史』編さんのために，大臣以下の関係者から106回の聞き取り，1951〜56）	「商工史談会速記録」20冊現存，1948〜50
一九五〇年代〜	国会図書館「日本国憲法制定に関する談話録音」9人，1954〜57		
一九六〇年代〜	国会図書館憲政資料室「政治談話録音」10人，1961〜87／木戸日記研究会（1948〜）で聞き取り記録，1963〜76／内政史研究会「談話速記録」66名，1963〜78／日本近代史料研究会（三谷太一郎代表）による「談話速記録」1967〜85		
一九七〇年代〜	「岸信介元首相連続インタビュー」『中央公論』1979〜（のちに，岸信介・矢次一夫・伊藤隆『岸信介の回想』1981）		通産省で産業政策ヒアリング1979〜（『産業政策史回想録』1〜36，1979〜86）
一九八〇年代〜			

会運動	学　問			
東大社研／大原社研	民俗学	歴史学	政治史／政治学	社会学／文化人類学
	宮本常一『忘れられた日本人』1960			
「失業対策日雇労働者調査」1955・63(東大)／「造船業技術革新・労働」調査1957〜65(東大)／「社会民主主義研究会」1960〜，復刻事業，1969〜(大原)				
『戦後改革』(労働班)と読売争議リーダー調査，1969〜74(東大)	瀬川清子『海女』1970／瀬川清子『村の女たち』1970		升味準之輔『日本政党史論』第4巻，1968	
		中村政則『労働者と農民』1976	升味準之輔『日本政党史論』第5巻，1979	川田順造『無文字社会の歴史』1976／中野卓『口述の生活史』1977
		吉沢南『私たちの中のアジアの戦争』1986／鈴木良「水平社創立をめぐって」(その1〜3)『部落問題研究』1987〜89／清水透『エル・チチョンの怒り』1988		

表3　戦後の「語る歴史，聞く歴史」2（女性，労働／社会運動，学問）

時期	女性			労働／社
	女性の歴史	地域女性史	社会運動と女性	炭坑／工場
一九五〇年代	木下順二・鶴見和子編『母の歴史』1955／鶴見和子・牧瀬菊枝編『ひき裂かれて』1959			
一九五〇年代～六〇年代初め	丸岡秀子『女の一生』1953／山代巴『民話を生む人々』1958／溝上泰子『日本の底辺』1958／森崎和江『まっくら』1961			
一九五〇年代後半～六〇年代	大牟羅良『ものいわぬ農民』1958／小原徳志編『石ころに語る母たち』1964／菊池敬一・大牟羅良編『あの人は帰ってこなかった』1964／三上信夫編『埋もれた母の記録』1965			上野英信『追われゆく抗夫たち』1960／上野英信『地の底の笑い話』1967
一九七〇年前後	山本茂実『あゝ野麦峠』1968／村上信彦『明治女性史』上・中・下，1969～72	『沖縄の母親たち』1968／名古屋女性史研究会『母の時代』1969／もろさわようこ『信濃のおんな』1969／『北海道母の百年』1970	山代巴・牧瀬菊枝編『丹野セツ』1969	
一九七〇年代	山崎朋子『サンダカン八番娼館』1972／真尾悦子『土と女』1976／森崎和江『からゆきさん』1976	古庄ゆき子『ふるさとの女たち』1975／高橋三枝子『小作争議のなかの女たち』1978	牧瀬菊枝『田中ウタ』1975／牧瀬菊枝編『九津見房子の暦』1975／牧瀬菊枝『聞書 ひたむきの女たち』1976	
一九八〇年代		篠崎勝監修『愛媛の女性史——近現代第1集』1984／東敏雄『女性の仕事と生活の農村史』1989		岡本達明・松崎次夫編『聞書 水俣民衆史』全5巻，1989～90

は書くことへの関心が高まり、手記と生活記録の時代がやってくる。この時代には、戦争体験が聞く歴史としてではなく、手記のかたちで書かれる場合が多く、戦犯、戦没学徒、引き揚げ抑留、戦争未亡人などをテーマにした戦争体験が書かれている。自ら書く手記とともに、自主的サークルによるとりくみや社会教育による働きかけのなかで、女性や青年などが生活記録を書く機会があった。戦前以来、男性の青年は青年団報や文芸の同人誌などに文章を書くことがよく見られたが、一般の女性が広く文章を書くのは戦後の生活記録がはじめてであった。

以上からすれば、速記や聞き書きになじみのあった戦前から、一九五〇〜六〇年代になると、政治や植民地、女性などで「語る歴史、聞く歴史」が行われたが、それらを人びとが目にすることは限られており、その点からしてもこの時代は手記と生活記録が優勢だったといえる。

画期としての一九七〇〜八〇年代

表2と表3にもどれば、戦後の「語る歴史、聞く歴史」の次の画期は一九七〇〜八〇年代だったことがわかる。この時期には、政治・行政やジャーナリズムに加えて、植民地／強制連行／在日朝鮮人、戦争体験、女性の分野で聞く歴史が広くとりくまれ、表には掲載していないが、一九七〇年代には、宮下忠子『山谷・泪橋――ドヤ街の自分史』、宮下弘『特高の回想』、上田満男『わたしの北海道――アイヌ・開拓使』などの聞き書きの本も発刊されている。学問分野

では民俗学に加えて、歴史学や政治学、社会学、文化人類学でも聞く歴史をふまえた作品が登場するようになった。一九七〇〜八〇年代は、「語る歴史、聞く歴史」の重要な画期であった。

『思想の科学』は、一九七九年に「方法としての聞き書」の特集を組んでおり、本書にも大いに参考になる。そこで編まれた「聞き書き関係文献解題」の「あとがき」には、戦前の聞き書きは「有名人の回顧録」が中心だったのに対して、戦後の昭和二、三十年代になると、「筆の力で表現しうる庶民の記録」が「手記」と「生活記録運動」として書かれ、さらに一九六〇年代後半以降になると、「文章とは縁の少ない底辺の人々の胸底にたどりつく」「聞き書きという方法論で本がまとめられる」ようになったとある。

『思想の科学』では、鶴見俊輔も聞き書きについて言及している（「ききがきについて」）。『思想の科学』に即して聞き書きの推移を確認した鶴見によれば、『思想の科学』スタートの一九四〇年代後半の二年間には聞き書きというべきものがなかったのに対して、一九七〇年代末の二年間の誌面では聞き書きによるものが多くなり、七〇年代後半の五年間で思想の科学社から発行された九冊の本のうち四冊は聞き書きによるものだった。牧瀬菊枝編『九津見房子の暦』、藤本とし『地面の底がぬけたんです』、阿伊《あい》染徳美《ぜんとくみ》『わがかくし念仏』、合田《あいだ》新介《しんすけ》『木崎農民小学校の人びと』の四冊である。その背景について鶴見は、「自分の意見を言うという人間の型」に対して、「他人の意見をきくという人間の型」が「いくらか重んじられてきた」とし、そのうえで「聞く」ことの意味について言及し、「きくということは、書いている本人が、自分以外の人びととのかかわりにおいて生きるという姿勢を自覚しているからこそ、なりたつ。人との関係において生きるということが、考えをのべる前提になっている」とした。

「語る歴史、聞く歴史」において、一九七〇〜八〇年代が画期をなしていたことは、私がかかわった地域の歴史の編さんでも確認されたことであった。東京西郊の小平市《こだいら》は、高度成長期に急激な人口流入により東京のベッドタウンになった。その小平市で一九七〇年代に二つの聞き書きが開始された。一九七四年に「小平市玉川上水を守る会」が発足し、それまで忘れられていた玉川上水に関心がもたれ、守る会は翌年から会報の『玉川上水』を刊行した。『玉川上水』には、創刊号より、地域に長く住む古老からの聞き書き「シリーズ　地元の方を訪ねて」が掲載されている。この聞き書きにとりくんだのは、会津出身で一九六一年に小平市に移り住んできた庄司徳治さんであった。小平市では、一九七六年に「小平民話の会」もつくられ、小平に長くくらす人びとからの聞き書きにもとづいて、地域の人びとの生活感覚、くらしの営み、信仰の様子が書きとめられるようになった。二つの聞き書きについて『小平市史　近現代編』では、「小平に長く住む人びとからの聞き書きという手法」は、「新しい住民によって小平の歴史を知る方法」であり、「小平の歴史をたどりながら「故郷」を創出しようとする試み」だと評価されている。

「語る歴史、聞く歴史」において、一九七〇～八〇年代が画期になった理由としては、この時代の歴史的位置を指摘できよう。一九六〇年代の高度成長の進行による急激な社会変化後の一九七〇～八〇年代になると、人びとはようやく自分たちの生活を振り返ることができるようになった。地域の自然に関心を寄せた「小平市玉川上水を守る会」が、同時に地域に長く住む人びとのくらしを聞き書きしたことは、高度成長による時代の変化のなかで聞くことへの関心が醸成されてきた状況をよく示している。また一九七〇年前後はベトナム戦争が激しかった時期であり、敗戦から四半世紀がすぎるなかで、戦争体験者が生きているうちに戦争体験を聞くことへの気運もあらわれてきた。

　ここであらわれた聞く歴史には、かつての柳田国男の近代化批判と共通の問題意識があり、戦争と戦後(高度成長)を批判的にとらえ返す気運の高まりを読みとることができる。音読の時代が終焉を迎えたもとで急激な社会変化を経験した人びとは、「人との関係において生きる」(鶴見俊輔)ことを再確認する必要性を感じ、それが人と対面する「語る歴史、聞く歴史」への関心に結びついたように思われる。音読の時代の終焉後、人びとは「語る歴史、聞く歴史」にとりくむことで、あらためて身体性を含めた「人との関係」を回復させようとした、ということもできよう。

戦後における「語る歴史、聞く歴史」の特質

戦後の「語る歴史、聞く歴史」の次の画期は、一九九〇年代以降から二一世紀の現在であるが、この点は第6章でふれることにして、ここでは、戦後の一九七〇〜八〇年代までの「語る歴史、聞く歴史」の特質について、もう少し素描しておきたい。

一九五〇〜六〇年代と七〇〜八〇年代という二つの画期を念頭において、あらためて表2と表3を見てほしい。テーマと画期を組み合わせると、戦後の「語る歴史、聞く歴史」からは、三つの領域に注目が集まる。広い意味での政治・行政・戦争と女性、学問の三つの領域である。

政治・行政・戦争について、「広い意味」と述べたのは以下の三つの理由による。戦後には、元軍人や政治家、政策担当者からアジア太平洋戦争に至る過程や占領期について聞く歴史が多く、新聞社およびその系統のジャーナリズムでの聞く歴史も同様の趣旨のものが多かった。ジャーナリズム以外は、閉じた組織や研究会で行われていたものの、戦前来の政治を聞く歴史が戦後も継続して行われていたことを確認しておきたい。それに加えて戦後になると、表2の「植民地」の欄に示したように、朝鮮総督府高官からの聞き取りも行われたことに留意する必要がある。

戦後の日本は、植民地や大東亜共栄圏の清算が不十分なもとで、アメリカ中心の体制に組み込まれた。そのことが歴史観にも影を落とし、戦争については日米の太平洋戦争に限定して、

アジアが不在になる傾向が長く続いた。政治・行政・戦争の聞く歴史にもこの傾向が反映されていたが、視野をひろげれば、朝鮮総督府高官からの聞く歴史もとりくまれていたのであり、この聞き取りも含めて、戦後の聞く歴史を検証する必要がある。ここに「広い意味」といった一つ目の理由がある。

二つ目は、朝鮮総督府高官からだけでなく、強制連行された人や在日朝鮮人など、日本の植民地支配やアジア太平洋戦争の影響下におかれた人びとからも聞く歴史が行われるようになったことである。朴慶植『朝鮮人強制連行の記録』(一九六五年)を先鞭として、一九七〇年代に入ると、野添憲治《のぞえけんじ》、金賛汀《キムチャンジョン》、林えいだいらが強制連行について聞く歴史を行い、むくげの会や古庄《こしょう》ゆき子らは、在日朝鮮人の女性から聞く歴史を試みた。これらを含めて、戦後の「語る歴史、聞く歴史」の特質を考える必要がある。

三つ目は、一九七〇年代に入ると、右で述べた強制連行などに加えて、沖縄戦や空襲を体験した人びとから戦争体験を聞く歴史が始まったことである。前述のように、一九五〇〜六〇年代においては、戦争をめぐり、元軍人、政治家、政策担当者などから記録の観点で聞く歴史が行われ、あるいは手記のかたちで戦争体験が書かれてきたのに対して、一九七〇年代に入ると、人びとから戦争体験を聞く歴史が開始された。

戦後の「語る歴史、聞く歴史」の特質には、さらに女性と学問が加わる。女性については、一九五〇年代以来の戦後の「語る歴史、聞く歴史」の大きな特質であり、女性の経験を語り、聞く歴史がさまざまに実践された。経験を聞く歴史が登場したこと自体、戦後の特質であり、その先鞭をつけたのが女性の領域だった。学問の領域では、一九七〇年代以降、民俗学に加えて、歴史学や政治学、社会学、文化人類学の分野で聞く歴史が登場する。これらのなかで、政治学以外の分野では、民衆から話を聞くことが行われた（女性の聞く歴史について詳しくは第3章で、学問については第5章でそれぞれとりあげる）。

戦後の「語る歴史、聞く歴史」の特質をやや先どり的に指摘しておけば、植民地や強制連行などを含めた広い意味での政治・行政・戦争の聞く歴史と女性の聞く歴史がとりくまれ、一九七〇年代に入ると、前述の『思想の科学』にあったように、「自分の意見を言うという人間の型」に対して、「他人の意見をきくという人間の型」が「いくらか重んじられ」るようになり、「文章とは縁の少ない底辺の人々の胸底にたどりつく」聞き書きがひろがったこと、それに加えて人びとの戦争体験を聞く歴史がとりくまれ、学問分野で民衆から聞く歴史が行われた。ここに戦後の「語る歴史、聞く歴史」の特質があったといえる。

戦後の政治を聞く歴史

政治を聞く歴史が戦前から続いていることは先に述べた。戦後の政治を聞く歴史は、一九五四年から五七年にかけて、日本国憲法制定にかかわった吉田茂や金森徳次郎《かなもりとくじろう》ら九名の談話録音を国立国会図書館で行うことからスタートした。政治を聞く歴史は一九六〇年代にひろがりを見せる。国会図書館憲政資料室では、参議院議員であった山本有三《ゆうぞう》らの提案により、一九六一年から八七年にかけて、町野武馬《まちのたけま》、鈴木茂三郎《もさぶろう》、木戸幸一《きどこういち》ら、元軍人や政治家など一〇名から聞き取りを行っている。

政治談話録音と呼ばれた一〇名の聞き取りの五人目として、内大臣だった木戸幸一から、一九六七年二月から五月にかけて六回聞き取りが行われた。聞き手は、山本有三、大久保利謙《としあき》(国立国会図書館非常勤調査員)、後藤隆之助(元昭和研究会主宰者)などである。木戸の聞き取りは一九九七年に公開され、国会図書館憲政資料室で音源と談話速記録に接することができるので、それぞれ確認をしてみた。談話速記録の一部を引用してみよう。引用するのは、一九六七年五月二九日に行われた談話録音の第六回、終戦工作について大久保利謙が質問したのに対して、木戸は以下のように語っている。

木戸　鈴木(貫太郎—引用者)内閣が出来た、その作るときのお話はこの前いたしましたように、結局それで日本の戦争をなんとかして終結させようという気構えでお願いしたわけです。

(中略)ただ、いかにしたら始末がつくかということとなんで、そこで時期的に問題はなかなか判断ができないわけです、私は鈴木さんの頭の中が。
そのうちに、だんだん沖縄のほうが悪くなる。五月の初めには、とうとうヒトラーも没落してしまうというような状況だった。

木戸は、大久保の質問に対して丁寧に語っている。談話録音が行われたのは国会図書館四階会議室。音源からは、時折、自動車のクラクションも聞こえてきた。

政治談話録音に加えて、一九四八年につくられた木戸日記研究会は、一九六三年から七八年にかけて、戦前の政治や外交、軍事にかかわった鈴木貞一《ていいち》や橋本実斐《さねあや》などに聞き取りを行っている。木戸日記研究会には、岡義武《よしたけ》や丸山真男、林茂、井上光貞、佐藤誠三郎、三谷太一郎、伊藤隆、鳥海靖ら、東京大学法学部、文学部などで政治史、政治学を中心に研究していた者が参加していた。辻清明《きよあき》や升味準之輔《ますみじゅんのすけ》らによって、戦前の内務省を中心にした内政史の研究を目的に設置された内政史研究会でも、一九六三年から七八年まで六六名から聞き取りを行っている。加えて、三谷太一郎を代表にして一九六七年に発足した日本近代史料研究会は、一九八五年までに、第一次世界大戦後内政外交で重要な役割を担った人物から聞き取りを行った。

これらの動きの背景には、明治期と同様の歴史的事情があったと考えていいように思う。明治維新という大きな政治的変革があらわれたとき、その歴史的事情を考えるために、政治史中心のアカデミズム実証主義歴史学と政治を聞く歴史があらわれた。それと同様に、アジア太平洋戦争と敗戦という歴史の巨大な変化が起きたのちに、政治史の史料収集とともに政治を聞く歴史がひろがったのである。一九九〇年代以降、わが国では政策研究の一環として政治家などのオーラル・ヒストリーにとりくむようになり、現在に至る。その源流には、政治の変革や変動を機にとりくまれてきた、明治期以来、戦後にまで続く、政治を聞く歴史があったといえよう。

国会図書館の政治談話録音

戦後の聞く歴史について調べていたときに、堀内寛雄「政治談話録音の五〇年」（二〇一二年）に出会った。そこには、政治談話録音の際に撮られた写真が多数掲載されていた。聞く歴史の写真が残されることは珍しく、それらの写真は、いたく歴史的想像力を刺激した。

写真からは何よりも熱意が伝わってくる。この熱意は政治を聞く歴史そのものに由来するものであろう。政治を聞くことの重要性が認識されており、そこから熱意がかもし出されているように思われる。そして、なぜ政治を聞く歴史は連綿と続いてきたのか、その理由がわかった気がした。前章の表1そして表2を見ればわかるように、戦前・戦後の聞く歴史のなかで、唯一、政治を聞く歴史だけが明治期から現在に至るまで継続的に行われている。政治を聞く歴史は、文字史料による実証主義的歴史学を補完するものであったとはいえ、政治は社会のなかで

木戸幸一の政治談話録音(1967年)
後方左から木戸，山本有三，後藤隆之助，大久保利謙(国立国会図書館蔵)

特別な位置をしめていると認識されており、それが政治を聞く歴史にくりかえしとりくむ推進力になったのではないか。

写真からは、政治談話録音に多くの人がかかわっていたことがわかり、そのことからも歴史的想像力を刺激された。なかでも上に載せた木戸幸一の談話録音の写真は印象深い。遠景にのぞむ木戸幸一の談話には、山本有三や後藤隆之助、大久保利謙ら五名が加わっており、その手前には、録音や筆記などの作業をする人が、写真で確認できるだけで八名いる。木戸の談話録音には、総勢で一三名程度の人たちがかかわっていたことになる。

山本有三による政治家らへの聞き取りの提案に対して、国会図書館の側では、現代史史料収集の一環として談話録音を実施することとし、国会図書館内に政治史料調査事務局を設置した。一九六一年の発足当時、一四名だった事務局員は、木戸幸一の談話録音時の一九六七年には二三名から二五名にまで増えていた。このような事務局体制が先の写真の背景にあったのである。ただし、政治を聞く歴史に多くの人がかかわることは、国会図書館の政治談話録音に限ったことではなかった。明治期の最初の政治を聞く歴史であった旧事諮問会を振り返ってみれば、第一回には、聞く側八名、語る側二名、それに速記者二名が集まっている。多くの人がかかわる点では史談会も同様であった。文字史料の補完とはいえ、政治を聞く歴史にとりくむ人たちには、政治は社会の中枢であり、政治を聞く歴史は重要なものと認識されていた。だからこそ、多くの人がかかわって聞く歴史が実施され、速記者ないしはテープレコーダーによって記録が作成されてきたのである。

植民地を聞く歴史

戦後には、植民地についても聞く歴史が行われた。先に、朝鮮総督府の元官僚が若い朝鮮史研究者とともに朝鮮近代史料研究会をつくり、一九五八年から総督府関係者の聞き取りを始めたと述べた。この研究会の設置は、若い研究者の一人であった宮田節子が、朝鮮総督府元高官で友邦協会理事長だった穂積真六郎《ほづみしんろくろう》と出会うところから始まった。中国近代史に関心をもち、早稲田大学で中国研究会に入った宮田は、ある日、研究会の席上で、先輩だった神農智が、自分は朝鮮人であり、なぜ「日本人として生きてこなければならなかったのかをしどろもどろに語った」のちに、これからは朝鮮人として生き、本名である姜徳相《カンドクサン》を名乗り、朝鮮近代史を勉強するつもりであると話した。この話は研究会に衝撃を与え、宮田は、このときはじめて、「自分が日本人であることを、痛みをもって自覚させられた」。このことを契機として、宮田は朝鮮近代史を志し、日本の植民地支配下の朝鮮で一九一九年三月に起きた民族独立運動である三・一運動を卒論のテーマに選んだ。とはいえ、三・一運動については先行研究もなく、史料も皆目見当がつかない状態だった。紆余曲折の末に、宮田は東京丸の内にあった友邦協会を探し当てた（宮田節子〔解説・監修〕「未公開資料　朝鮮総督府関係者　録音記録（1）　十五年戦争下の朝鮮統治」二〇〇〇年）。

友邦協会は、将来の日韓関係の基礎を固めるために、「朝鮮事情に関する各種資料の収集」などを目的にして一九五二年に設置されたものであり、ここに朝鮮総督府関係の資料と総督府の元高官が集まっていた。友邦協会には、三・一運動の膨大な未公開史料があり、それを使って卒論を書いた宮田は、お礼に訪れた際に穂積から研究会の設置を呼びかけられ、朝鮮近代史料研究会の設置につながった。研究会には、穂積ら友邦協会のメンバーと、若い研究者として、姜徳相、権寧旭《クオンニョンウク》、梶村秀樹が加わり、史料の収集とともに総督府関係者からの聞き取りを始めた。毎週一回開催された聞き取りは、一年中休むことなく五〇〇回以上続けられた。ただし、これらは公開されることなく、しだいに忘れ去られてしまう。その後、この聞き取りにあらためて光があてられるのは一九九〇年代に入るころからであり、当時の録音記録資料は、現在(二〇一七年度)、学習院大学東洋文化研究所に「友邦文庫」として収蔵されている。

ここでは、二〇〇〇年に公表された朝鮮総督府政務総監大野緑一郎《ろくいちろう》の録音記録の一部を紹介する。大野は、朝鮮総督南次郎のもとで、朝鮮総督府の第二の地位である政務総監に一九三六年から四二年までついていた。聞き取りは一九五九年一一月四日に行われ、協会と学生を含めて一八名が参加、司会は宮田がつとめた。

宮田　先生、創氏改名ですね。あれなんかも家族制度の崩壊というよりはむしろその「内鮮一体」の実を上げるためでなかったか、なんていう意見もあるんですけど。

大野　それまで深い考えもないですね。しかし、とにかくさっきも話したように、つまり「内鮮一体」というか、「内地人も朝鮮人も同じように扱ってくれ」という趣旨からいうとあれですね、国内に来てる人なんかでも、「そういうわけで日本の名前にしたい」というような、いろいろ請願みたいなのもずいぶんありました。それならよかろう、というのでやったんですね。そいつが、ある意味においては非常に末端でもって強制するとか何とかいう事実もあったかも知れませんね。

植民地の「語る歴史、聞く歴史」は、政治談話録音などと同じ形式で行われたことが確認できるであろう。

朴慶植の強制連行を聞く歴史

ところで、朝鮮総督府高官たちの聞く歴史が公開されたのは、二一世紀に入ってからのことである。それに対して、朴慶植『朝鮮人強制連行の記録』が一九六五年に刊行され、そのなかには「体験者は語る」と題する文章が含まれていた。朝鮮人強制連行とは、日中戦争以降の国家総動員法、国民徴用令にもとづいて、日本統治下の朝鮮から朝鮮人を日本の鉱山や建設現場、工場などに労務動員したことであり、その際に、暴力的な連行や詐取による連行が多かった。刊行当時、朝鮮人の強制労働や強制連行に関する類書はなく、同書の影響の範囲は広かった。

強制連行を聞く歴史は、その後、野添憲治『花岡事件の人たち——中国人強制連行の記録』(一九七五年)、金賛汀編『証言　朝鮮人強制連行』(一九七五年)、林えいだい『強制連行・強制労働——筑豊朝鮮人坑夫の記録』(一九八一年)と続いている。聞く歴史を大事な手がかりとして強制連行が少しずつ解明されていったといっていいだろう。また、朴の本を一つのきっかけとして、一九七〇年代に入ると、在日本朝鮮人総連合会(朝鮮総連)と日本人による合同調査団や日本人の個人や集団によって、全国各地で朝鮮人強制連行調査が行われるようになった。

朴の本は、植民地支配や在日朝鮮人をめぐる問題を等閑視する日韓基本条約に抗議するために、日韓基本条約が締結された年に刊行された。同書はこれまでにも多くとりあげられており、最近では李相旭がすぐれた読書経験をまとめている（李「朴慶植『朝鮮人強制連行の記録』」二〇一五年）。李の読書経験を参考にしつつ、私も久しぶりに朴の本を読んでみた。

この本は、一九六四年から六五年に発表された三つの文章を中心にして、新しい文章を加えて発刊された。三つの文章とは、学会誌の論文をもとにした「二　強制連行（一九三九—四五年）」、聞き取りによる「三　体験者は語る」、強制連行が行われた全国各地の実態調査を紀行文のようにまとめた「四　いまだに残されている爪あと」であり、それらに新たに「序　帝国主義と民族の問題」と「一　祖国を奪われ日本へ（一九一〇—三八年）」、主要な文字史料と文献目録からなる「五　資料」が加えられた。

「あとがき」で朴は、「あちこちに発表」して「文体」が違うので「読みにくい」のではないかと述べているが、私には、多様な文体と構成のなかに、朝鮮人強制連行を解明しようとする朴の問題関心がよく示されているように思えた。要するに朴は、文字史料や文献を徹底して探し、それにもとづいて論文を書くだけでなく、全国各地を調査し、人に話を聞き、史料を集めるなかで主題の解明に迫ろうとしたのである。一九六〇年代の日本の学問の世界では、文字史料が確かなものとして最優先され、聞き取りは二次的なものとみなされる傾向があった。そのなかで強制連行を調べる朴は、文字史料か聞き取りの二者択一ではなく、そのどちらも重視した。この本を読むと、聞く歴史の痕跡は「三　体験者は語る」だけでなく、「一　祖国を奪われ日本へ(一九一〇―三八年)」や「四　いまだに残されている爪あと」のなかにも見られた。とくに全国における強制連行の跡地を訪ね歩いた「四　いまだに残されている爪あと」は印象深い。朴はここで一人称の「わたし」で登場し、訪問先で人に会って話を聞き、史料を探し、それらを組み合わせて叙述している。それらを組み合わせたときに論文のような叙述スタイルではなく、紀行文のような叙述スタイルが選ばれたといっていいだろう。

たとえば『日立鉱山史』など関連文献を調べて調査に出かけた日立鉱山と常磐《じょうばん》炭鉱では、朝鮮総連支部や労働組合などを訪ねて、鉱山における朝鮮人の様子や調査先について聞いている。朝鮮人労働者の労務監督であった日本人に会えたものの、肝心な話はほとんど聞かせてもらえず、寺院で確認した過去帳や遺骨からは、「護送中飛込自殺」の事実や虐待による無残な死亡を知り、非常なショックを受ける。強制連行で働いた朝鮮人から話を聞きたくて必死で探し、日立鉱山に連れてこられた尹宗洙にようやく会うことができた。尹は、戦後も「江戸一郎」の名前で呼ばれていた。強制連行の当時、朝鮮人は、日本の山や川の名称、江戸、天竜、石狩などを姓とし、一郎から十郎の名前をつけられ、「あたかも動物につけられた番号札」のように呼ばれていた。

尹の語る歴史は、「体験者は語る」にも詳しく収録されている。尹は、甘言で連れてこられた鉱山から三か月出ることができず、朝は五時に起こされて一〇~一二時間働かされ、賃金の多くは強制貯金にさせられた。栄養失調や落盤事故で死ぬ朝鮮人が多く、事故で怪我をしてもたいした補償金をもらえずに放り出された。重労働や殴打に耐えきれずに相当数が逃げたが、捕まると大変な目にあわされた。尹の語る歴史から強制連行された朝鮮人に加えられた死と暴力、苦難が浮かび上がる。尹は戦後になっても強制貯金を返してもらえず、訪問したときは、壁や天井を新聞紙で目張りした二部屋の長屋(社宅)に住んでいた。日韓基本条約は、強制連行された朝鮮人一人ひとりの歴史と現在を置き去りにしたまま進められようとしていた。朴は、全国各地での聞く歴史を大事な手がかりとして、朝鮮人強制連行の輪郭をつかもうとしたのである。

李相旭は、先に紹介した読書経験のなかで、朴が新たに書いた「序　帝国主義と民族の問題」の冒頭を長く引用して注意を促している。その冒頭とは以下のようである。

私は日本語で話したり、書いたりすることについて常に不自然さを痛感している。(中略)朝鮮人が日本語を話すにいたった事情が、帝国主義と植民地、圧迫と被圧迫という関係から切りはなしては考えられないからである。／私と同じ世代の人々や、更に年をとった人達は、日本語を強要され、また日本語を話せないために、さまざまな苦しみを直接身にうけてきたし、また、日本で生れた子供達は、母国語を充分に話せないために民族的虚無主義におちいる危険性をもっている。(中略)日本では、日本語を話す朝鮮人のこうした歴史的な背景ないしは朝鮮人の民族的感情を深く考えてみるような見方、ないしは研究課題がほとんどないのではないかと思う。

朴がここで述べていることは、朴自身が感じた「不自然さ」であるとともに、李も指摘するように、全国各地で朝鮮人から朝鮮語で聞いた話を日本語に変換せざるをえない「不自然さ」でもあった。強制連行を調べる朴にとっては、文字史料とともに聞く歴史もまた重要な研究方法であったが、その聞く歴史には、右のような「不自然さ」がつきまとった。朴は、そのことを含めて、「序」のタイトルである「帝国主義と民族の問題」を提起しているというのが李の理解であった。

帝国主義と民族の問題は、言語や名前にまでおよぶという朴の問題提起は、文字史料に依拠するだけでは導き出されなかったはずである。聞く歴史を大事な手がかりにすることで、朴は、朝鮮人の身体に加えられた死と暴力を明るみに出し、さらに言語や名前をめぐる問題にも光をあてることができた。帝国主義と民族の問題は、朝鮮人一人ひとりの身体と言葉に苦難を刻んでいたのであり、朴はそのような問題への関心がほとんどない日本の実情についても厳しく批判したのである。

野添憲治『花岡事件の人たち――中国人強制連行の記録』

強制連行について聞く歴史を行った人として、もう一人、野添憲治をとりあげておきたい。秋田県に生まれた野添は、一九六二年にたまたま訪ねた花岡で花岡事件のことをはじめて知った。花岡事件とは、一九四五年六月三〇日、北秋田郡花岡町(現大館市)の花岡鉱山に強制連行されていた中国人が虐待に耐えかねて蜂起した事件のことである。花岡に強制連行された中国人は九八六人、そのうち、蜂起以前の酷使および蜂起鎮圧後の拷問などで、総計四一八名が亡くなった。事件を知った野添は、一九七一年から花岡事件の聞き取りを始めるが、野添の聞き取りには前史があった(野添『紙碑を刻んできた』二〇一二年)。

野添は、一九四三年、貧しさのなかで、小学校三年生から山稼ぎに出たので、小学校にはほとんど通えなかったものの、小さいころに二つの大事な経験をした。一つは、ヤマ師だった曽祖父が株や商品相場を知るために家で『読売新聞』をとっており、野添はふり仮名のある新聞で文字を覚えたことである。もう一つは、たまに泊まりにくる母方の祖母は昔話が得意で、夜遅くまで昔話を語ってくれたことである。文字を覚え、昔話を好きになった野添は、戦後になって中学校を出ると、県内各地を訪ねて昔話を集め、それを文字でまとめるようになった。一九六二年に花岡事件を知ったのも、昔話の採集で花岡に出かけたときのことであった。昔話を求めて人に話を聞き、文章にまとめることに関心を抱くようになった野添は、自らの営為を聞き書きと呼んで、生涯にわたり、聞き書きにとりくむようになった。

野添が幼いころに祖母から昔話を聞いたエピソードは、戦前の篠田鉱造の文章に出てくる「話上手」や、岩手県和賀町で私が高橋フサさんから聞いた、フサさんの祖母の昔語りを彷彿とさせる。野添が祖母から昔話を聞いたのは一九四〇年代前半のこと、時代の趨勢としては話上手や音読の世界がしだいになくなっていくころであったが、野添の周囲にはまだそのような世界が存在していたということになるだろう。のちに野添が聞き書きに向かう前提として、小さいころのこのような体験があったのである。

一九六二年に花岡事件の存在を知った野添は、一九七一年に事件の生存者三人が札幌市でくらしていることを知る。札幌市で聞き取りを重ねた野添は、三人の聞き取りを中心に野添の解説、日本人三人の聞き取り、「花岡事件から引き継ぐもの」を付して、一九七五年に『花岡事件の人たち――中国人強制連行の記録』を刊行した。

そのなかに、聞き取りの過程でよみがえってきた、敗戦の年の野添の記憶が記されている（「はじめに」）。当時、中国人の俘虜たちが花岡鉱山で暴動を起こし、野添たちの村の方にも逃げてきたという話が伝わって、村中が恐怖で震え上がった。俘虜が捕まり、役場から見に来いという知らせを受けたあと、国民学校五年生以上の児童が先生に連れられて見に行った。五年生だった野添も同行し、「チャンコロのバカヤロ！」「ぶっ殺してしまエ！」という罵声が飛び交うなかで、野添たちは先生の号令に合わせて、「チャンコロの人殺し」と叫びながら、中国人を囲む人垣のまわりを何度もまわったという記憶である。
聞き取りに応じてくれた三人は、「温和な、礼儀の正しい人たち」であり、「たどたどしい日本語で、二十数年前の記憶をさぐりながら」話してくれた。だが、話が鉱山での強制労働におよび、日本人の補導員にささいなことで殴られ、仲間が次々と死んでいく場面になると、涙ぐみ、テーブルを叩きながら語り、激すると中国語になった。三人が、「二十数年前のいまわしい記憶をえぐり出してくる」ように語り続けたなかには、暴動後に捕まり、日本人の前に引きずり出された場面もあった。

李振平　劇場の前、引っぱられてきた人で、だんだんいっぱいになってきたでしょ。そのわたしたちのこと見ようと、女の人とか、子どもとか、たくさん来たね。何か大声で叫んで、わたしたちの顔に、ツバ吐いて、帰っていく女の人もいたよ。子どもの中には、わたしたちのいるところに来て、顔とか腕とか、叩いて歩くのもいたよ。遠くから、石投げてよこす女の子どももいるね。わたしたち縛られてるから、そんなことされても、よけることできないよ。黙って、睨みつけているだけね。こんど、二日目になって、生死のあいださまようようになると、睨みつけることもできないさ。

小さいころの記憶がよみがえった野添は、「〈わたしも加害者だったのだ〉と、胸が痛」み、「〈お前は聞き取りという第三者みたいなことをやっているが、それでいいと思っているのか〉」

と、責め立てられてならなかったという。

この当時は、花岡鉱山で花岡事件について聞いても、「わたしは知らないね」「いまさら、そんなことをやって、なんになるんだ」と、「冷たい拒否の眼」を受けた(「あとがき」)。そのようななかで野添は、加害の意味と聞き取りの目的を自問自答しながら聞き書きを重ね、やっとの思いで同書をまとめて、花岡鉱山での中国人強制連行と強制労働、暴動をはじめて明らかにした。聞き書きは、野添にとって、人びとの経験を知る大事な方法だった。これ以降、野添は、花岡事件の聞き書きをライフワークとしてとりくんだ。

『沖縄県史・沖縄戦記録』――戦争体験を聞く

一九七〇年代は、戦争体験が焦点になった時代である。この時代には、人びとの戦争体験を明らかにすることで、それまでの戦争像を問い直そうとする動きがひろがった。焦点は二つあった。聞き取りと戦争体験記の募集である。聞き取りでは、戦争体験の継承の観点から中学生や高校生に父母などの聞き書きを担わせるものと、沖縄戦における聞き取りがあった。戦争体験記の募集は、東京大空襲をはじめとした全国各地の空襲に対して行われた。このなかで、「語る歴史、聞く歴史」を検討する本書では、聞き取りが重要であり、とくに沖縄戦の聞き取りが重要な位置をしめている。

沖縄戦における戦争体験の聞き取りがまとまって著されたのは、『沖縄県史・沖縄戦記録1』(一九七一年)と『沖縄県史・沖縄戦記録2』(一九七四年)である。二冊の本の以前には、たとえば『鉄の暴風』(一九五〇年)のように、手記や日記などから沖縄の住民の視点で沖縄戦を書いた本も存在していた。しかし、一九六〇年代までの沖縄戦の記述は、日本軍や軍人の視点によるものが圧倒的に多かった。沖縄戦が終結したとされる六月二三日には、日本本土から多くの遺児や遺族が父や兄の眠る沖縄を訪れ、沖縄南部の摩文仁《まぶに》の丘に林立する、日本中の各都道府県の慰霊の塔の前でぬかづいた。沖縄南部は、「南部戦跡地観光」といわれるような状況を呈していたのである(北村毅『死者たちの戦後誌』二〇〇九年)。

そのようななか、沖縄県史発刊事業が一九六三年からスタートする。県史編さん過程を丹念に検証した鳥山淳の研究によれば、当初は、従来の戦記類による沖縄戦像を色濃くひきずっていた編集方針は、沖縄住民の視点にたったものに急速に転換し、一九六六年には、はじめて座談会による記録作成の方針が確認され、座談会と戦争体験執筆の二つの柱で沖縄戦記録を構成することになった。住民視点による沖縄戦記録に転換する背景にはベトナム戦争があり、ベトナム戦争の戦場報道が沖縄戦体験を呼び起こすことになった(鳥山「沖縄戦をめぐる聞き書きの登場」二〇〇六年)。座談会を担当したのは、琉球政府側からの名嘉正八郎《なかしょうはちろう》と沖縄県史編集審議会からの宮城聰《みやぎさとし》の二人であった。二人は、テープレコーダーをかつぎ、一九六七年一〇月、本島最南端の旧喜屋武《きゃん》村から座談会による聞き取りを始めた。座談会を選んだ理由について名嘉と宮城は、体験記を依頼すると、「作文になる部分があったり、その人にとって公表したくない個所は省略したりする恐れがある」が、座談会であれば、「疑問の個所は確かめられ、そして深めることができる」と方針を整理した(「編集後記」『沖縄県史・沖縄戦記録1』)。座談会開催にあたっては、琉球政府職員、市町村長、集落区長を通じて沖縄戦体験者に参加を依頼した。

なお、沖縄の人びとが沖縄戦について聞かれるのは、これがはじめてではなかった。一九五二年に公布された戦傷病者戦没者遺族等援護法をめぐって、一九五七年から沖縄で申請手続が始められ、沖縄戦とのかかわりが個別に調査された。鳥山淳によれば、沖縄における援護法への申請者数は五万人を超え、「戦闘参加者」の認定数は、一九六五年までに四万七四〇〇人となった。ただし、ここでは援護の名のもとに、日本軍の戦闘に協力したことへの表明を求められたのであり、住民自らの視点で沖縄戦の体験を語る機会は、沖縄県史の座談会ではじめて設けられたのである。

座談会は、とはいえ、容易に実現したのではなく、集落区長の熱心な勧誘にもかかわらず、参加を拒否した人は少なくなかった。座談会を担当した宮城によれば、沖縄戦の体験者にとって、「あまりにも生まなましく《ママ》心に刻まれている二十五年前の惨酷な悲嘆と苦悩は、思うまいと拒否しているにもかかわらず、絶えず心を苛《さいな》む」ものであり、「ことさらにそれをかき立てて話すことは堪えられない」として、最後まで座談会への参加を拒否した人も多かったという（宮城「戦争体験を記録する」一九七一年）。

それでも座談会が開催されてみると、座談会による聞き取りは、語り手と聞き手の双方に大きな影響を与え、住民の視点で沖縄戦を考える重要な場になった。座談会に立ち会った宮城は、当時、次のように述べている。「座談会の出席者の大多数には、二十五年の時の経過はなく、まるで現在現場にいて惨酷、悲嘆の中で見ているかのように、声がつまったり、鼻声になったり、涙を流したり、ついに絶句するといった人びとが多いのである」。本書の「はじめに」で語ることと聞くことの場面を〈現場〉と名づけた。それを用いれば、沖縄戦の座談会は、まさに〈現場〉にほかならなかった。複数で語り合う座談会は、沖縄戦体験者一人ひとりの胸の奥底にしまいこまれていた記憶や思いの封印を解き放つ〈現場〉になり、宮城が指摘するように沖縄戦の体験を呼び起こしたのである。

座談会による記録方法には疑問も出されており、沖縄戦から二〇年以上経過していて体験者の記憶は薄れているはずだ、座談会記録には資料的価値がないなどの意見があった。ただし、座談会で「まるで現在」沖縄戦の〈現場〉にいるように話すのを聞いた宮城からすれば、二五年の経過により「戦争体験の採録」は「不可能」という意見はまったく「ナンセンス」であり、座談会こそ住民の視点から沖縄戦を知ることができる場にほかならなかった。沖縄県史編集審議会では、編集方針についてあらためて一年間議論し、一九六九年に座談会による沖縄戦記録を二冊発刊することを決め、座談会が再開された。座談会の背後には膨大な沈黙があることも受けとめ、そのもとで実現した座談会は、先に述べたように、沖縄戦を語る、聞く〈現場〉となり、沖縄戦を呼び起こすことになった。宮城や名嘉は、この〈現場〉に依拠して二冊の本をまとめたのである。

発刊された二冊の『沖縄戦記録』は、曲折をともないながら一九七〇〜八〇年代に受けとめられていったことを、鳥山淳や石原昌家、安仁屋政昭《あにやまさあき》らが明らかにしている。沖縄県立平和祈念資料館が一九七五年に開館すると、沖縄戦の展示について住民側の視点がないことが問題となり、議論の結果、資料館は、沖縄戦体験の証言を中心にした展示で一九七八年に再開館した。『沖縄戦記録』についで発刊された自治体史の『那覇市史』は、市民から公募した戦時体験記を中心にして一冊を編さんした。一九七七年は沖縄戦の戦没者三三回忌であった。『沖縄県史』にもかかわった石原昌家は、三三回忌を機に、「県内で沖縄戦体験が一斉に語られはじめた」と指摘し、これ以降、行政や研究者が主導した聞き取りから、「市民運動」による聞き取りに転換していった(石原「沖縄戦体験記録運動の展開と継承」一九八六年)。『宜野湾市史　第三巻　市民の戦争体験記録』(一九八二年)と『浦添市史　第五巻　戦争体験記録』(一九八四年)は、いずれも市民や学生が聞き取り調査で重要な役割を担っていた。一九八〇年代の教科書検定をめぐる裁判では、沖縄戦における軍隊の論理を批判するために聞き取り記録が重要な役割を担った。

『東京大空襲・戦災誌』――戦争体験を書く

沖縄と同じように、本土の戦争体験も一九七〇年前後に掘り起こされていった。東京大空襲をはじめとした空襲体験であり、背景にベトナム戦争があった。沖縄戦と比較するために東京大空襲についても言及しておきたい。

一九六〇年代まで、東京大空襲についてはまとまった検討や記述がない状態だった。東京大空襲に関心をもっていた評論家の松浦総三《そうぞう》や作家の早乙女《さおとめ》勝元《かつもと》が接点をもち、一九七〇年八月五日に「東京空襲を記録する会」が結成された。翌春には記録する会の関係者がマスコミで盛んに空襲体験記の執筆を呼びかけ、東京空襲ブームといわれる状況が起きた。東京大空襲の体験記は、締め切りの一九七一年八月一五日までに、計八四四篇、四〇〇字詰めの原稿用紙で一万一〇〇〇枚集まった。東京大空襲時に東京に在住していた人の性別構成も反映して、執筆者の半分以上が女性だった(「『東京大空襲・戦災誌』第一巻の編集について」)。

東京大空襲の戦争体験記をめぐっては、沖縄戦の座談会と同様の議論がおきていた。戦後四半世紀が経過したあとの戦争体験記は記憶に頼るしかなく、「信憑性に乏しい」のではないかという議論である(「『東京大空襲・戦災誌』第二巻の編集について」)。この議論をめぐり、編集委員会は、都民の証言は、「まるで昨日の出来事のようななまなましさと、迫力に満ちて」おり、「四半世紀の風化現象」を少しも見出すことができず、公的な原資料が絶対的に不足しているもとでの体験記は、原資料を「補足するにたる資料」であること、「複数形」の体験記は、「冷厳な〝事実〟を浮きぼりにする」面があると指摘した。

座談会と体験記という相違はあったものの、沖縄戦でも東京大空襲でも、なまなましい語りや記述があったことが強調されている。これは、それぞれの体験の衝撃がきわめて大きかったからであり、それゆえ沖縄戦の体験は、「あまりにも生ま《ママ》なましく心に刻まれて」、「絶えず心を苛む」ものであり、東京大空襲の体験は、「まるで昨日の出来事のよう」に思い出されるほどのものであり、それがなまなましい語りや記述につながったのである。

東京大空襲についてなまなましい体験記が書かれるうえで、体験記の募集が大きな契機になった。早乙女勝元は、記録する会の結成に先立ち、東京大空襲の体験者から聞き取りを行った。その一人、両親と妹を東京大空襲で失った橋本代志子は、早乙女に会うまで、「その体験を書くこともなく、しゃべることもなく、戦後二五年間に、正面きってなにもかもストレートに話したのは」早乙女がはじめてだった（早乙女『東京大空襲』）。加えて橋本は、人災であった東京大空襲で、「私の両親と妹は、なんのために死んだのでしょう」と重い問いを発した。四半世紀にわたり封印されていた体験を聞き、重い問いを投げかけられた早乙女の「心はかたくひきしま」った。この体験が一つの契機となり、記録する会の結成から体験記の募集に至り、『東京大空襲・戦災誌』全五巻を発刊し、第一巻・第二巻を戦争体験記にあてる方針が実現したのである。

以上のように見れば、座談会と体験記という相違はあったものの、沖縄戦と東京大空襲をめぐるとりくみには共通性があったことが浮かび上がる。ベトナム戦争下の一九七〇年前後という時代背景、それまで沖縄戦や東京大空襲について、戦争体験を語ったり、書いたりすることを呼びかけられず、ここではじめて呼びかけられたこと、聞く側の人びとや体験記を募集する会の存在があったこと、座談会と体験記は、それぞれ刊行物にまとめられたことである。語る、聞く、叙述するなかで『沖縄戦記録』がつくられ、書く、募集する、編集するなかで『東京大空襲・戦災誌』が作成された。戦争体験を語ること、書くことが呼びかけられるなかで、声が出され、体験記が書かれたところに、一九七〇～八〇年代の戦争体験の特徴があったといっていいだろう。

沖縄戦を語る、聞く、叙述する――『沖縄県史・沖縄戦記録1』を読む

一九七〇年代における戦争体験の「語る歴史、聞く歴史」の先鞭をつけた『沖縄県史・沖縄戦記録1』は、実際にどのようにまとめられたのか、読んでみたい。

一〇〇〇ページを超える一冊を通読すると、何よりも沖縄戦の様相が鮮烈に浮かび上がる。激戦地となった沖縄本島南部では、ほとんどの人がアメリカ軍の猛撃をくぐり抜け、生死をさまよい、子どもや家族を失い、かろうじて生き延びた苦難のもとにあった。アメリカ軍の猛撃に加えて、「他の体験談の中にも夥しく出てくることであるが、ここでも一様に、日本兵たちが避難民たちを頻繁に壕から追い出すくだりや、泣く子供は殺してしまえと強要するくだりが、出てくる」（七八五頁）ことが強く印象に残る。スパイ嫌疑の話も頻繁に登場し、「軍は横暴過ぎておったんです」（四六三頁）、「一番こわかったのは、友軍だったと言い切っている」（七八五頁）という声も聞かれた。沖縄戦後も暴力は続き、アメリカ軍人による強姦事件で、女性が畑で働くのには細心の注意が必要であり、「戦後二十数年になってもあの辺を歩くのは、今もって恐がります」（一五八頁）という声も聞かれた。

『沖縄戦記録１』からは、沖縄戦の様相以外にも多くのことが伝わってくる。この本は、集落で開いた座談会ごとにまとめられていて、日時、場所、参加者（氏名、住所）、聞き手・叙述者の氏名に、「解説」と座談会の内容が記されている。座談会の内容は、語った人ごとに叙述することを基本としており、語りには「註」や解説者の文章が付されたり、追録がついていたりすることがある。先述のように、座談会に立ち会ったのは名嘉正八郎と宮城聰であり、「解説」や「註」、座談会の叙述の九割近くは宮城がまとめ、一部を星雅彦（作家）が書いている。

座談会は公民館や区長宅、個人宅で開かれ、区長などが立ち会っている様子が見受けられる。

以上の叙述全体を通して、沖縄戦を「語る歴史、聞く歴史」の〈現場〉が浮かび上がる。そこで印象的なことは、語り手と聞き手の様子が書きとめられていることであり、語り手の語りを受けとめて叙述する際に、聞き手がさまざまな留意をしていることである。

地域の人たちは沖縄戦について語りたがらなかったことが「解説」や「註」の各所で書かれており、あらためて沖縄戦の傷の深さを考えさせられる。「あまりにも戦争から受けた傷が深いので、もう二十五年以上前のことだから、そっとしてほしいという気持であるらしかった。つまり、自分の戦争体験をすすんで語ることを欲してないのだ。それは集まった人たちと対談するときにも感じた」（七〇五頁）。そのうえで開催された座談会では、淡々と語る人もいれば、感情をこめて語る人もいて、そのいずれの場合にも聞き手は語り手の思いを推し測り、感慨を書きとめている。語り手は沖縄戦を昨日のことのように話すことがあった。ある語り手が同席の人に尋ねると、すぐに口をついて応じたことがあった。「当時がこの人たちには、昨日のことのようにはっきりしているように感じられた」（六六一頁）と、聞き手は書きとめている。

座談会に立ち会った聞き手の感慨も印象に残る。「語る歴史、聞く歴史」の〈現場〉に立ち会うことで、聞き手もまた、「二十五、六年前の戦争当時が、はっきり見える感じがした」（七六〇頁）というように、沖縄戦に導かれていった。座談会のあとで「解説」を書き、語り手の語りをまとめた聞き手は、あらためて語り手がかかえた苦難を思いやることになった。「幼い三人の子供を抱えた未亡人生活は、他人のはかり知れない苦しい悲しい長い月日があったものと考えられる。この解説を書いていると、その苦難と悲しみの記録も追加したい気持ちが、湧き出る」(六四四頁)。

聞き手は座談会終了後の情景についてしばしば書きとめている。座談会が終わった夜遅い暗い道を国道まで歩いたり、自宅まで何キロも歩いたりしている。ある座談会の日は中秋の名月にあたり、座談会を開いた公民館近くの中城《なかぐすく》公園は観月《みつき》の名所になっており、多くの人が集まっていた。「五時間ちかく、二十四年前の戦争の悲劇にまざまざと引き入れられていた」宮城たちは、「一草一木もなく白い土肌をむき出し、人影一つなく荒廃した終戦時」と、「夜を徹して中城公園で群衆が観月する平和な今日」とを思いくらべ、「時の流れにしたがって変る人生」について思いやっている(二一七頁)。

語り手の思いや語りを受けとめてどのように叙述すればいいのか、そのことも書きとめられており印象深い。たとえば宮城が「方言」で聞いた話を「共通語」に直すのは、新垣ヒデがはじめてだった。新垣の場合、「繰り返して重復《ママ》したりするところはあったが、沖縄方言での表現は、なかなか巧い。方言の語彙が多く、歯切れもいい。したがって共通語への訳は難しく、その巧さが充分に訳せないのは残念である。情愛もよほど深いことを現わし、夫の死んだことのわかる時は、終始泣きながら話した」（三六九頁）とある。宮城は、当初、方言をまじえた叙述を試みたが、「なかなか読みずら《ママ》い」ので、新垣の語りは共通語に訳し、冒頭の一部のみを方言でも掲載した。共通語と方言の両方で書かれた新垣の語りの冒頭を引用しておきたい（三五八〜三五九頁、三六九〜三七〇頁）。

家を守りながら、道具も守りながら、家にいましたが、激しくなりましたので、和宇慶の上に、壕をつくって、そこへ逃げ込んでおりました。そこで四、五日過しましたら、家はその間に丸焼けになりました。それから二、三日過した時に、石部隊がですね、「こっちから逃げて行け、逃げないなら、スパイとして捕えるが、すぐ今逃げろ」というわけですね。

ヤー守《マム》ヤガナー、道具《ドウグ》ン守ヤガナー、屋《ヤー》ンカイ、ウヤビータンヨー。居《ウー》テ、屋《ヤー》ヌ、ナーハゲシクナタクトヤーフー、オーキヌ上《ウイ》ナカイヨー、壕《ゴウ》シコーテヨー、ウマンカイ、ヒンギテンゾービータンヨー。ウマンカイ、四《シ》、五《グ》日《ニチ》バカーン、クラスンデ思《ウミ》ーネ、屋《ヤー》ヤムルケー焼《ヤカ》ッテネーンヤーフー、ムル焼《ヤ》カッテ二、三日クラチヨーネー、石部隊ヌ兵隊《フィータイ》ヌヨーフー、「ウマカラヒンギランアラー、スパインチカチヤミークト、ナマフィンギリ」、ンデイルバーテー、アサーネ、ムル、イクサヌサチバイナトウテ、フィンギヤビタンヨー。

宮城は何度も叙述を試みている。方言と共通語の問題に加えて、時間の経過がわかりづらく、時系列に直す方が理解しやすいと思ったからである。だが、そのたびに宮城は時系列に置き換えるのをやめている。「わたくしは、この時間関係だけは、時の経過に依って置き換えようと思って書いて見たが、多少でも嘘になるのを惧れて、やはりお話しのままを記録した」(一五九頁)。「お話は、前後入り乱れ、また繰り返されるところもあるが、わたしは、省略をしなかった」(五四五頁)。

方言を共通語に訳す場合を含めて、宮城は語りをできるだけ整序しないようにした。それは、「記録のたしかさ」(五八五頁)を求めたからであるとともに、沖縄戦の鮮烈な経験と語り方は密接に関連しており、それゆえに話が入り組んでいると宮城は理解していたからであった。「わたくしが推察して文章を作ると、却って戦火の中を逃げ廻っている当時の人間感情、周囲の情景など毀わす惧れがあるので、これを忠実に筆写するのは難渋な作業であるが、可能の限り本人の話した言葉のままにすることにした。読みずらい《ママ》かわりに、真実の姿がよみ取って貰えるのでないかと思う」(六四三〜六四四頁)。

宮城が何度も叙述を試みたのは、聞いたままに再現しようとしたからではない。沖縄戦の「語る歴史、聞く歴史」の〈現場〉に立ち会った宮城は、どのように叙述すれば一人ひとりの思いに寄り添うことができるのか、そのことに腐心したのである。『沖縄戦記録1』には、沖縄戦の体験を語る、聞く、叙述する営みがさまざまにつまっている。

一九八〇年代までの「語る歴史、聞く歴史」

戦後の一九八〇年代までの「語る歴史、聞く歴史」をたどってきた。この時代における女性を聞く歴史と学問にかかわる聞く歴史は、それぞれ第3章と第5章でとりあげることにして、今までの検討から戦後の「語る歴史、聞く歴史」の要点を簡潔にまとめておきたい。

戦後の「語る歴史、聞く歴史」は、一九五〇～六〇年代と七〇～八〇年代のあいだで区切られる。一九五〇～六〇年代には、広い意味での政治・戦争と女性を主たる対象にして「語る歴史、聞く歴史」がとりくまれた。ただし、この時代には、閉じた場所で行われることが多く、また音読の時代が終焉を迎えて黙読の時代に移っており、人びとの表現やコミュニケーションでは、手記や生活記録のかたちで書くことが追求される場合が多かった。

それに対して高度成長が終息した一九七〇～八〇年代になると、『思想の科学』で指摘されたように、「他人の意見をきくという人間の型」が「いくらか重んじられ」るようになり、「文章とは縁の少ない底辺の人びとの胸底にたどりつく」ような「語る歴史、聞く歴史」がひろがった。「語る歴史、聞く歴史」は、多様なテーマでとりくまれ、この時代にはとくに、植民地や強制連行、戦争体験などを含めた広い意味での政治・行政・戦争と女性、学問などの領域で行われたところに特質があった。

広い意味での戦争を「語る歴史、聞く歴史」は、朝鮮総督府元高官を含めた政治家、元軍人、元官僚から記録として聞く歴史と、人びとの戦争の体験を聞く歴史の二つに大きく分けられる。記録としての聞く歴史は、戦前以来、断続的に行われてきた面があり、文字史料を補完する役割を担ったのに対して、戦後に新たにとりくまれたのが戦争体験を聞く歴史であった。この時代で歴史を知るには、文字史料が何よりも優先されており、聞き書きは二次的なものとみなされていて、とくに体験を聞く歴史は、必ずといっていいほど信憑性が問題にされた。

だが、この章で検討してきた戦争体験に関する朴慶植『朝鮮人強制連行の記録』、『沖縄県史・沖縄戦記録1』、野添憲治『花岡事件の人たち』の三冊からは、信憑性とは異なる局面が浮かび上がる。それは、語る、聞く、叙述するといった、「語る歴史、聞く歴史」が開く世界にかかわることである。朴慶植は、全国各地での聞く歴史を通して、強制連行の朝鮮人は名前を奪われ、その状態は戦後も続いていることを明らかにするとともに、朝鮮語で聞いた話を日本語に直さなくてはならない違和感を帝国主義と民族の問題として提起した。沖縄戦の〈現場〉に立ち会った宮城聰は、鮮烈な沖縄戦を語る歴史をどのように受けとめ、方言と共通語のどちらで叙述するのかに腐心し、「たどたどしい日本語」で話した花岡事件の生存者は、激すると中国語になり、聞き手である野添憲治は、その語りを受けとめ、反芻するなかで聞き書きを行った。

ここから浮かび上がるのは、語る歴史は語り手の身体と分かちがたく結びついており、語られた言葉は、身体におよんだ苦難や暴力と一体になっていたことである。この時代では、文字史料優先の考えが強く、アジアや沖縄が不在の戦争観ゆえに、同時代における三冊の「語る歴史、聞く歴史」としての影響力は限られていた。とはいえ、ここで浮き彫りになった言葉と身体をめぐる問題は、文字史料からはなかなか見えないことであり、文字史料(言葉)の側に問題を提起し、文字史料の読解にも大きな示唆を与えるはずである。つまり、文字史料の読解にあたっては、身体を視野に含めることが決定的に重要だということである。

ついで三冊からは、聞く歴史として聞き手の役割が浮かび上がる。語り手の体験を受けとめる聞き手の役割は大きい。そこでは、語り手の語りを引き出すだけでなく、戦争や植民地の体験をどのように受けとめたらいいのかに悩み、試行錯誤する聞き手の姿があり、その姿のなかから戦争や植民地支配をめぐる問題が浮かび上がる。「語る歴史、聞く歴史」のうえに叙述する局面が見えてくる。日本語への変換を含め、聞いたままに叙述するのか整序するのかなど、さまざまな論点が浮かび上がる。

三冊を通じて体験を「語る歴史、聞く歴史」を以上のように整理してみれば、『沖縄県史・沖縄戦記録1』は、とりわけて重要な文献であることがよくわかる。『沖縄県史・沖縄戦記録1』は、単に文字史料の欠落を補うためだけではなく、この本には、語る、聞く、叙述するといった諸局面が開く論点が多数含まれている。この本は、一九七〇年代における戦争体験を「語る歴史、聞く歴史」の可能性を大きく開くものだといえよう。

第3章　女性が女性の経験を聞く

——森崎和江・山崎朋子・古庄ゆき子の仕事から

女性の経験を聞く動き

戦後の「語る歴史、聞く歴史」の大きな特徴は、それまでほとんど対象にならなかった女性の経験を聞く歴史があらわれたことである。女性は文字史料を残すことが少なく、歴史の表舞台に登場することもきわめて限られていた。それに加えて、篠田鉱造や民俗学の瀬川清子などを除けば、戦前においても、女性が聞く歴史の対象になることはなかった。その状況が変わるのは戦後になってからである。農村や都市、炭鉱などの各所で、女性たちの経験を聞く歴史があらわれた。女性に経験を聞いた人の多くは女性だった。女性による女性を相手にした聞く歴史があらわれたのである。

戦後の一九七〇年代ごろまでに女性の経験を聞いた人たちは大きく五つに分けることができる。①敗戦後から主に一九五〇年代にかけて、各所で女性の経験を聞いた丸岡秀子、山代巴《やましろともえ》、鶴見和子らの女性たち、②一九五〇年代から六〇年代前半の岩手県を中心にした東北で、主に男性によって女性の経験を聞いた菊池敬一、大牟羅良《おおむらりょう》、小原徳志《おばらとくし》たち、③①や②のとりくみと連動しつつ、一九五〇年代にひろがり一九六〇年代まで続いた生活記録運動において、母の戦争体験や地域・職場の生活体験を聞き、それを生活記録にまとめた人たち、④一九五〇年代末から七〇年代にかけて、主に九州で女性の経験を聞いた森崎和江、山崎朋子、古庄ゆき子、⑤同じく一九六〇年代後半以降、地域の女性史への関心と軌を一にして、全国各地で女性への聞き書きを進めた人びとである。以下、①〜⑤を概観してみよう。

① 戦後になっても、女性たちが家庭や職場でおかれた状況は容易に変わらなかった。とはいえ、「戦後」という新しい状況のもとで、女性たちの声に耳を傾け、女性たちに文章を書くことを促して、女性たちのおかれた状況を少しでも変えようとする動きがあらわれた。丸岡秀子、山代巴、鶴見和子は、広い意味での知識人であり、敗戦後から一九五〇年代にかけて、これらの動きを担った人たちである。

戦前以来、農家の女性の過酷な労働や生活をよく見聞していた丸岡は、農村の人たちに書いてもらった「農家の嫁」をもとに『女の一生』(一九五三年)をまとめ、農家の女性たちに読んでもらって厳しい状況を考えるきっかけにしようとした。それに対して山代巴は、農民の「あきらめ根性」を直さない限り、農村の状況は変わらないと考え、農村でも下積みで、ものの言えない女たちが本音で語る、自主独立の精神を育てようとした。そこで山代がとりくんだのが、女たちから聞いた「秘密話」を、どこのだれともわからない「民話」につくりかえ、それを再び女たちのなかに持ち込むことだった(山代『民話を生む人々』一九五八年)。山代は、村の女たちのすぐれた聞き手だった。信頼のおける聞き手として「秘密話」を聞き、それを「民話」にかえて、再び村の女たちにもどす。この作業を通して、自分たちのおかれた状況に女たちが向き合うきっかけにしようとしたのである。一九五〇年代の鶴見和子は生活記録運動にとりくみ、女性たちに生活記録を書くことをすすめた人である。その鶴見に、「女三代の記——製糸・紡績で働いた祖母と母と娘」(一九五七年)という文章がある。三代にわたって製糸・紡績で働いた八組の家族から話を聞き、それを実在はしていない二人の娘が三代を語り、娘同士が話し合う形式に直して文章をまとめている。

一九五〇年代の三人には共通点がある。女たちに文章を書いてもらったり、話を聞いたりしたものを、自ら別のかたちの文章にまとめていることである。実名を出すことなどとてもできない社会環境があった。三人は女たちの話に耳を傾け、どう伝えればいいのかについて腐心し、文章を書いている。

② 岩手県では、一九六〇年代半ばに、菊池敬一や大牟羅良、小原徳志らの男性によって、農村の女性から戦争体験を聞いた記録がまとめられている(菊池・大牟羅編『あの人は帰ってこなかった』一九六四年、小原編『石ころに語る母たち』一九六四年など)。直接のきっかけは、一九六一年、岩手県和賀郡和賀町で、小原の勤める和賀町教育委員会の主催による「農村婦人の戦争体験を語る集い」が開かれたことにあった。戦没者遺族の手紙を集める運動にかかわった菊池と大牟羅は(岩手県農村文化懇談会編『戦没農民兵士の手紙』一九六一年)、この集いに招かれて講演を

した。夫や息子、父や兄を失った女性たちが語った戦争体験は小原らを大きく揺さぶった。集い終了後、小原は参加者から、菊池と大牟羅は未亡人からあらためて話を聞くことを決心し、それから三年かけて女性たちから戦争体験を聞き本にまとめた。

この当時、未亡人はもとより農村の女性に対して、男性があらたまって話を聞くことは容易なことでなかった。周囲の目が厳しかったからである。それに加えて戦争で夫や息子を失った女性には、怒ることをあきらめてしまったり、怒ったりあきらめたりする気持ちすらわからなくなってしまったりした人が少なくなかった(『あの人は帰ってこなかった』)。

このような困難な条件のもとでも、小原や菊池が農村女性から話を聞くことができたのは、小原は和賀町の、菊池は隣村の和賀郡横川目《よこかわめ》村の生まれであり、出身地のつながりがあったからである(それでも話をまとめるまでに三年の歳月を要したが)。それに加えて、和賀町の先の集いは、同町の「いのちを守る農村婦人運動」の一環としてとりくまれたものだった。この運動の主要なテーマは、医療・保健の拡充、生活記録の実践、戦争体験を聞くことであり、町の教育委員会と農村女性が担い手だった。過重労働の農村女性と子どもの「いのち」を守ることと戦争体験が重なり、「いのち」の認識が深まっていった。教育委員会だけでなく、女性たち自身が医療・保健と生活記録にとりくむなかで、戦争体験を語る雰囲気も醸成されたのである(大門「いのちを守る農村婦人運動」二〇一三年)。

③ 和賀町の女性たちが生活記録にとりくんだように、一九五〇年代には生活を記録として書く生活記録運動がひろがり、一九六〇年代まで続いた。そこでは、地域や職場における自らの生活体験とともに、母の戦争体験などを聞き、それを生活記録として書くことも行われた。文章を書く人、話を聞く人に女性が多かったことはこの運動の大きな特徴だった。生活記録運動では、東京の鶴見和子や国分一太郎、丸岡秀子らの知識人がはたした役割も大きく、岩手の大牟羅良や小原徳志、山形の須藤克三など、地域にも有力な指導者がいた。

以上のように戦後になると、広範な領域で女性に話を聞き、書くようになったことがわかるであろう。これは戦後の大きな特徴である。そのなかで、①や③では、女性に聞いた話を民話や生活記録として書くことに主眼がおかれていた。

④ それに対して、主に九州で女性の経験を聞いた森崎和江、山崎朋子、古庄ゆき子らは、聞き書きというかたちで、聞くことと書くことの両方に主眼をおいた。一九五〇年代末から一九七〇年代にかけて、書くことに重心をおいた段階から、両方に重心をおいた聞き書きへゆるやかに移行したといっていいだろう。一九六一年に発刊された森崎和江『まっくら』のサブタイトルは「女坑夫からの聞き書き」だった。これは聞き書きを自覚した作品の登場として重要な意味をもっていた。

⑤ 一九五〇年代半ば以降になると、地域の女性史に対する関心があらわれ、その後、文字

史料を残すことがきわめて少なかった女性の歴史をたずねるためには、聞き取りにとりくむ必要があるとして、一九七〇年ごろから女性の歴史にかんする聞き取りが行われるようになった（山本茂実『あゝ野麦峠』一九六八年、高橋三枝子『小作争議のなかの女たち』一九七八年など）。

戦前の民俗学が「語る歴史、聞く歴史」で大きな新境地を開いたのだとすれば、女性の経験を聞く歴史が登場したこと自体が戦後の大きな特徴だった。女性が女性の経験を聞くことは、いつの時代にもあったことではない。それではなぜ戦後になると、女性による女性の経験を聞く歴史、語る歴史があらわれてきたのか。それを検証するために、ここでは森崎和江と山崎朋子、古庄ゆき子の三人をとりあげる。三人の聞き書きには、語り手の語りだけでなく、語ること、聞くことに向き合い、格闘する過程が刻まれているからである。

森崎和江

一九五八年ごろ、森崎和江は九州の筑豊において、炭坑で働いていた女性から話を聞かせてもらうようになった。戦前の炭坑では、サキヤマとアトヤマの二人一緒に働くことが多かった。多くの場合、サキヤマは男でアトヤマは女であり、夫婦の場合も多かった。女性の坑内労働は、一九二八年に原則禁止になったものの、その後も続き、一九四七年の労働基準法で最終的に禁止された。筑豊にはアトヤマを経験した女性がまだ数多く住んでいた。

森崎は、サークル運動の交流を構想した谷川雁《がん》に誘われ、一九五八年から筑豊の炭坑町（中《なか》間《ま》町）に移り住み、谷川らとともに、サークル交流誌『サークル村』の発刊に携わった。森崎がアトヤマ経験者から話を聞き始めたのは、このころである。当時の記録をたどってみよう。『サークル村』に森崎の聞き取りの様子がはじめて記されるのは一九五八年一二月号のことである。

（一二月五日―引用者注）女坑夫を囲む話し合いは、昨夜長岡さん方のお世話で七人ほど集まり、テープをとっていただいて致しました。おばあさん方も「昔話をさせてもらって、ほんにうれしかった」といった調子でした。有難いと思いました。私としては、こうしたすべりだしを十二分に受けただけの深さで掘っていきたいと思わぬわけに参りません。／「くるしいことばっかしだったが、よかこともあった。アッハハハ」という状態でした。

女性たちから聞き始めた出発点に、「すべりだしを十二分に受けただけの深さで掘っていきたい」と書きとめた森崎は、その後、子どもを連れて炭坑を歩き、女性たちに話を聞き続けた。そのなかで、「かなりの熱度で女たちのエネルギーが貯えられている」（一九五九年六月号）ことを肌で知る。「女たちのエネルギー」に向き合い、深く掘るために、森崎は、聞いた話をもとにした作品「スラを引く女たち」の連載を『サークル村』一九五九年七月号から始める。スラとは石炭を運ぶ木箱のことで、六回連載された「スラを引く女たち」は、他の作品とともに、森崎のはじめての著作『まっくら——女坑夫からの聞き書き』（一九六一年）にまとめられた。

のちに森崎は自分の聞き書きを振り返る文章を書いている（「聞き書きの記憶の中を流れるもの」一九九二年）。そこでは、「ただ一途に自分の寂寞に押されて、母国の母世代祖母世代の心と生活の根っこにふれようと、おずおずと、中年老年の女たちを炭坑住宅にたずねていた」と振り返っている。植民地朝鮮で生まれ育ち、高等女学校受験のために一九四四年に内地に渡った森崎は、戦後の日本になじめなかった。そのとき、女坑夫の「エネルギー」の「熱度」にふれて引き込まれ、話を聞き続けたのである。

聞き書きとしてまとめられた『まっくら』

一九五八年ごろの森崎は、まだ「聞き書き」という言葉を耳にしたことがなかったという。その森崎にとって、炭坑を歩くなかでの「私の聞き書きへの事始め」は、「それまで全く知らなかった生活をして来た人びとが、貯えておられる価値観に接すること」であり、「文字に縁なく、そんなものを無視して暮らす人びとは、新しい泉に思えた」、「私にとって聞き書き、いや、聞き取りの旅は水を飲むようなもの」だったという。

森崎のあゆみのなかで「聞き書き」という言葉が出てくるのは、『まっくら』のサブタイトルにおいてである。「スラを引く女たち」は、女性たちから聞いた話のある断面をまとめたものであった。それに対して『まっくら』には、「スラを引く女たち」などを改稿した文章が、「無音の洞」「流浪する母系」「棄郷」などのタイトルで全一〇章にわたって配置され、各章の文章のあとに、小さなポイントの活字で森崎の感想や解説が付されている。森崎は、女性たちの声とは別に感想や解説を加えたものを「聞き書き」と呼び、本を刊行したといっていいだろう。

それでは森崎は、女性たちの話をどのように聞いたのか。先の回想では、「私は、心を無にして、相手の思いの核心に耳をすます、という方法をとった。相手の語りたく伝えたく思っておられることの、その肌ざわりを感じとること。けっして、こちらの予定テーマを持たぬこと。などが基本的な姿勢だった」と述べている。ここで森崎は、「心を無にして」「予定テーマを持たぬ」と述べているが、それは語り手の話をそのまま聞くということではない。大事なことは、「語りたく伝えたく思って」いることの「核心に耳をすます」ことであり、そのために「予定テーマを持た」ずに相手の「肌ざわりを感じとる」ようにすると森崎は言っているのである。

『まっくら』の第一章に「無音の洞」がある。ある女性が坑内唄をうたいながら、アトヤマの労働がいかにきつかったか、労働の対価で米を買って食事をつくり、子どもとほんのわずかな時間だけ接する様子などを語ったことが書かれている。この文章に付された森崎の感想・解説を読むと、初対面で開口一番坑内唄をうたった女性の話に大いに期待したが、夫が帰宅すると、夫は「極めて好意的で常識的な概念化をこころみよう」としたので、女性の口も「整然とかわ」いてしまったという。森崎は、その後、二回、その女性を訪ねたものの、そのたびに夫が「話を平均化」させてしまうので、それ以来、聞き歩くのは女性が一人のときを原則にしたとある。どのようにすれば「相手の思いの核心に耳をすます」ことができるのか、森崎は、そのことを考えながら聞き歩いていたといっていいだろう。

ただし、ここで森崎はアトヤマの閉鎖性を指摘しているのではないことに注意しておきたい。森崎はアトヤマから「かなりの熱度」の「エネルギー」を感じていた。その根源を森崎は次の二つから理解しようとしている。

一つ目は、アトヤマの女性もサキヤマの男性もともに働いた炭坑の労働と愛である。炭坑労働は決して生やさしいものではない。それでも森崎は、「全労働」を「共有」する炭坑の労働は「共働きの甲斐」があるものだったことに注目し(『まっくら』二四六頁、八一頁)、そこに炭坑の女性の「エネルギー」の根源を認めていた。アトヤマの女性たちは、「全生活が、人間的なものの抹殺である労働の極限で、労働を土台として自分の生を積極的に創造」し始めた(「理論社版へのあとがき」)、これが森崎の感じた「エネルギー」の根っこだった。女性たちから、「聞き手のおもわくに拘泥しない気魄」(『まっくら』一二三頁)を感じることがあったのも、この根っこゆえだった。女性たちもまた、自ら、「仕事は五分五分ですたい」と述べ、西新炭坑が一番うれしかったのは、「あそこは男が一円なら女も一円ですばい。おなじ仕事をしますとじゃけ」(九三頁、五六頁)と言った。労働から発する「エネルギー」は「愛の深さ」(八一頁)にもつながり、アトヤマとサキヤマは、夫や妻を捨てて一緒になることもあった。

二つ目は、農家の女性と対比したときの炭坑の女性の開放性である。農家の女性は、「家内外の他人を気になさる」ので話を聞くことが難しかったのに対して、「農村からはじき出された」炭坑の女性たちは、「無音の洞」の女性が開口一番坑内唄をうたってくれたように、概して開放的だった(「聞き書きの記憶の中を流れるもの」)。たとえば、『まっくら』第七章「ヤマばばあ」の冒頭は次のように始まる。

あんた、あたしが話ば聞きに来たとや。孫に用かと思うたが、あたしに用かの。そうの。遠慮いらんばい。こけ《ここに》坐らんの。

アトヤマの女性たちは、約束がなく初対面であっても自宅のなかに招き入れ、食事や宿泊をすすめて話してくれた。『まっくら』で森崎は、訪ねた家の女性の気配に接しただけで、アトヤマの女性なのか、農家の女性なのかを見分けられるようになったとくりかえし書いている。

女性たちからほとばしる「エネルギー」を受けとめ、深く掘るために、森崎は、「自他の体験を全体史の中にどう位置づければいいのかと、幾年も心に抱き、なんとか文字化してその意味を問い、責任を持とう」とした(「聞き書きの記憶の中を流れるもの」)。そこから著されたのが、

『まっくら――女坑夫からの聞き書き』であり、女性たちの声のあとに自分の感想や解説をつけることで、女性たちの「エネルギー」に応答しようとしたといっていいだろう。

「聞く」ことへの自覚

森崎和江について、あと二つ、印象に残ることがあった。一つは、アトヤマの坑内労働が終わったことへの女性たちの反応についてである。『まっくら』のなかで女性たちは、アトヤマの労働が終わり、坑内に入らなくなったことを一様に嘆く。「むかしの炭坑の話ですか。見てみなさい。わたしはいま花ども植えておちぶれとりますたい。むかしは働いたとですばい」(二〇四頁)、「いい主人ですけどね、主人ばっかりせっせと働いて帰ってくると、かあっとさみしい気になりますね」(九八頁)。「五分と五分」と感じ、「かなりの熱度」の「エネルギー」を放出したアトヤマの労働が終焉を迎えたことにより、女性たちは空虚な気持ちのなかにいた。それに加えて、『まっくら』には、話を聞くために訪ねた家にあったダブルベッドや(一八頁)、小さな孫が「パパは？」とおばあさんに聞く場面も書きとめられている(一〇一頁)。森崎が女性たちに話を聞いたのは一九五〇年代末。女性たちの体内にはかつてのアトヤマの「エネルギー」が残っていたものの、女性たちはすでに地上に出て働くことがなかった。それだけでなく、高度経済成長が始まり、「ベッド」や「パパ」といった新しい生活スタイルが押し寄せるなかで、女性たちのアトヤマ経験自体が時代から取り残されようとしていた。『まっくら』は、その時代の変化のとば口で、かつての炭坑の労働と愛の「エネルギー」を凝視した作品であった。

もう一つ、『まっくら』を読み、『サークル村』のなかに森崎の足跡を探すなかで、森崎はなぜ女性たちに話を聞き、聞き書きを著したのかということが気になった。そんなとき、森崎の他の文献で、森崎は敗戦前後に瀬川清子の書いたものに出会っていたことを知る(「農奉公人の涙と恐怖」)。「私は敗戦の前後のあの無口にすごした頃、著者のものにふれた。そして引揚げてきてなじめない土地で、女たちの手仕事をたずね歩いた」。ここでの「私」は森崎で「著者」は瀬川である。森崎は、野良での働き着の機能性に驚き、ノートをつくったり、手織り木綿のきれっぱしをもらったりしたと書いているので、森崎が接したのは、瀬川の『きもの』だったかもしれない。

本書の第1章で私は、戦前にあって、人びとの伝記や伝説に注目した柳田国男の民俗学をとりあげ、そのあとで、柳田に促されて女性の民俗の聞き取りが始まり、その先陣に瀬川清子がいたことを紹介した。この連鎖を森崎が受けとめていたことは大変に興味深い。「語る歴史、聞く歴史」のなかには、顧みられなかった歴史がひそんでいる。民俗学も森崎のアトヤマの聞き書きも、いずれも歴史のなかで顧みられなかった人びとの話に耳を傾けるものだったといえよう。それに加えて、朝鮮から日本に渡り、日本になじめなかった森崎は、瀬川に導かれて女たちの手仕事」を訪ね歩き、アトヤマの女性の「エネルギー」にたどりついた。「語る歴史、聞く歴史」には、人びとの原初的なエネルギーが含まれており、森崎はそれと向き合うなかで、女たちの「聞き書き」を編み出したのであろう。

山崎朋子

山崎朋子は一九七二年に『サンダカン八番娼館――底辺女性史序章』を出版する。同書は、いわゆる〈からゆきさん〉から聞き書きをしたものであり、一躍ベストセラーになった。その山崎が東京から九州に向けて、からゆきさんを訪ねる旅にはじめて出たのは一九六八年夏のこと、その際に山崎は、まず北九州の中間市にいた森崎和江を訪ねて一泊している。

山崎は、一九六六年、夫の上笙一郎《かみしょういちろう》や上の友人の平林久枝、『図書新聞』編集者の坂本しげ子とともに「アジア女性交流史研究会」をつくり、翌年から小冊子の『アジア女性交流史研究』を発刊した。この当時、〈アジア〉と〈女性〉を冠した研究誌はきわめて珍しかったが、新聞でとりあげられたことも手伝って関心が集まり、購読や入会の希望が続いた。そのなかには、「思想的・文学的にすでに業績」のあった森崎和江からの入会希望もあり、山崎らを驚かせた(山崎「『アジア女性交流史研究』の思い出」)。九州の自宅に山崎の訪問を受けた森崎は、天草《あまくさ》の道案内として大学図書館司書で絵描きの豊原悦子を紹介し、山崎は豊原とともに水俣から船で天草の島に渡った（山崎『サンダカンまで』）。

からゆきさんを訪ねる旅の以前から山崎と森崎に交流があり、旅の出発点にあっても接点があったことは印象深い。瀬川清子の書いたものに接した経験をもって炭坑で聞き取りをした森崎和江、山崎はその森崎と接点をもちながら天草に向かったことになる。女たちの連鎖のなかで、女たちの「語る歴史、聞く歴史」が少しずつ開かれていったのである。

豊原と一緒に天草に渡った山崎は、食堂で一人の老婆に出会う。天草弁ではあったが標準語に近い言葉で話し、「外国さに行ってた」という話の内容や貧しい身なり、表情から、山崎はその老婆がからゆきさんであった確信を深め、老婆の自宅にまで一緒に行った。その女性こそ、のちにからゆきさんの聞き書きの中心人物になるおサキさんにほかならなかった。帰京した山崎は、二か月後、旅費を工面し、夫と娘の了解を得て、今回はしばらく滞在するつもりで二回目の天草行きを決行する。

『サンダカン八番娼館』を再読する

聞き書きなどをふまえ、『サンダカン八番娼館』はどのように叙述されたのか、あらためて読んでみたい。

同書は、天草の島への旅と滞在、からゆきさんへの聞き書きを「紀行文スタイル」で著したものである（『鼎談　底辺史研究への提言』）。冒頭と最後に、「底辺女性史へのプロローグ」「からゆきさんと近代日本――エピローグ」が置かれ、紀行文のあいだに、おサキさんをはじめとして数名のからゆきさんの聞き書きがある。聞き書きの中心はおサキさんであり、おサキさんの聞き書きに至る経緯は以下のようだった。

山崎が再訪したとき、おサキさんは驚いた様子を見せたものの、再訪の理由は問わず、山崎を受け入れた。当初は、山崎が何気なくからゆきさんのことを尋ねてもおサキさんは話したがらなかったが、一〇日ほど過ぎたころから、「隠さずに何でも話して」くれるようになった。山崎はつとめてさりげなく聞いた。夜、寝ながら聞き、眠る前に必死で記憶に刻むこともあった。聞いた話は、あとで一人になったときに必死で便箋に書いて自宅あてに投函した。おサキさんの家に泊まった三週間に少しずつ語られることで、「断片的」だったおサキさんの話から、からゆきさん時代の生活がしだいに明らかになった。山崎はそれをライフヒストリーのかたちに再構成し、「おサキさんの話――ある海外売春婦の生涯」として本に収録した。

一九〇八年生まれのおサキさんがボルネオに渡ったのは一〇歳のとき、家は貧しくて小学校には一日も行かず、三〇〇円が家に支払われて南洋に渡った。ボルネオのサンダカンには日本人の経営する娼館が九軒あり、おサキさんは一三歳から客を取るようになった。港に船が入ると忙しく、一晩で三〇人の客を相手にしたこともあった。天草に一度帰ってから再びサンダカンにもどり、ある男と一緒になったものの、暴力がひどかったので、女性の友人と一緒に風呂敷包み一つで満州に渡った。満州で結婚して世帯をかまえ、男の子をもうけた。敗戦後に日本にもどって夫の故郷の京都でしばらくくらし、その後は天草でひとりぐらしとなった。生活は子どもから毎月送られる四〇〇〇円が頼りだった。山崎とおサキさんが食堂で出会ったのは、そんなときのことだった。

同書および山崎の聞き書きの特徴を三点指摘する。

第一に、おサキさんが詳細にわたって語り、それを山崎がまとめることができたのは、ひとえに共同生活を三週間続けた賜物だった。山崎が、はじめて自分の素性と目的をおサキさんに話したのは、天草を去るときだった。おサキさんは、山崎がからゆきさんの時代の話を聞きにきたことを察知していたが、それを尋ねることはなく、山崎の問いに応じて話すようになった。三〇ワットの暗い電灯や破れ障子の「茅屋」に寝泊まりし、毎日、同じ食事をともにする共同生活のなかで、二人の心理的な垣根が低くなり、親愛の情が深まって、「語る歴史、聞く歴史」の環境が整えられたのである。

第二は、女性が女性に聞くことで、性売買まで含めた聞き取りが可能になったことである。男性が女性に聞くのでは、当事者から性売買の歴史を聞くのはきわめて難しいように思う。おサキさんの詳細な聞き取りは、女性同士の共同生活のなかで可能になったことであった。

第三に、山崎は天草の島での聞き書きを「紀行文スタイル」で叙述したうえで、冒頭と最後の章において、近代日本の歴史と歴史学の双方を批判している。山崎は、からゆきさんの聞き書きを通じて新たに「底辺女性史」を提唱し、東南アジアに「出稼売春婦」を駆り出した日本帝国主義を批判し、さらに、階級と性という二重の桎梏《しっこく》のもとに長く虐げられた女性たちの存在を明らかにしてこなかった歴史学のあり方を批判している。

『サンダカン八番娼館』へ至る道

以上の三点が同書の特徴であり、同時に山崎がめざした「底辺女性史」であった。だが、同書を読むたびに私には何か釈然としないものが残った。その理由を考えてみると、山崎の強い使命感に行き着くように思えた。それをうかがわせる記述が随所にあるが、なかでも次の場面には、どうしても違和感が残った。

おサキさんの話を聞き終えた山崎は、天草でおサキさんのもっとも親しいおフミさんを訪ねる。おフミさんは三年前に亡くなっていたものの、おフミさんの息子から見せてもらったアルバムに、おフミさんたちのボルネオ時代の写真がたくさん貼り付けてあることを知る。どうしても写真がほしくなった山崎は、家族が見ていない機会をうかがって数葉の写真を必死ではがし、パスポートとともに手に入れた。そのことについて山崎は、「わたしは何とかしてこれらの写真の埋没を防ぎ、歴史の証言として世の中へ提出する義務があるのではないか」と述べ、写真がなくなったことに気づいた息子がそのことを問わなかったのは、「真実の姿をつかんで日本近代史のひとつの証言にしたい」と考えている山崎の気持ちを「直感的にとらえ」、「許してくれたのだ」と書いている(傍点―引用者)。

聞き書きを通じて「真実」をつかみ、「歴史の証言」にする「義務」があるという使命感と自己肯定の思いが強く書かれている。この個所については、以前に歴史家の林宥一がやはり違和感を述べていた。林は、亡くなったおフミさんにではなく、その息子に山崎が謝っていることに違和感を覚え、経済成長と近代化のもとで、死者の霊などからは自由な「近代的人間」としての態度ではないかと批判していた(林「或る読書体験のこと」)。山崎の本から使命感の理由を推測すれば、近代日本の歴史と歴史学への批判が浮かぶが、それだけでは判然としない。山崎の使命感について考えるために、『サンダカン八番娼館』に至る山崎の足跡をたどり、私なりに考えてみたい。

『サンダカン八番娼館』には三つの淵源があった。一つ目は、聞き書きに至る過程である。戦後の学制改革による男女共学や演劇活動を通じて、山崎は、高校・大学時代にしだいに女性問題にめざめた。上笙一郎と結婚し、一九六〇年に長女が誕生した山崎は、夫婦ともに定収のない貧窮生活のなかでも、家事と育児を夫と分担しつつ、それまで生活に追われてはたせなかった宿願の学習にとりくもうとした。学習とは、「女性問題＝女性史」を学ぶことであり、一九六一、六二年ごろ、山崎は上の紹介で小学館の教育雑誌『幼児と保育』に二つの連載を執筆させてもらう。「日本の母親」と「人物幼稚園史」であり、この連載のために山崎は多くの母親と保母を訪ね歩き、聞き書きのかたちで連載を執筆した。のちに山崎は、この聞き書きが、「わたしの女性史研究の大きな宝となった」と述べている（『サンダカンまで』）。

二つの連載を読むと、とくに「日本の母親」に登場した母親に強い印象が残る。聞き書きをした一二人の母親のうち、四人は母子家庭で、子どもをかかえながら、保母、緑のおばさん、労務者、織物工場の作業員として働いていた。織物工場で働く母親は、子どもを工場に連れて仕事をしていた。夫婦でくらす八人のうちの二人は共稼ぎであり、そのうちイチゴ栽培にとりくむ母親は過重労働ゆえに流産をしている。共稼ぎ以外では、小児マヒの子どもがいる母親が二人、水上生活者が一人、ダンプカーによる交通事故で子どもを失った母親が一人いた。

「日本の母親」が連載されたのは一九六一年度。高度経済成長が進行し、大企業を中心にした企業社会が形成されて、夫は会社で働き、妻は家事を専業で担う主婦が誕生した時期にあたる。その時期に山崎が聞き書きをした母親たちは、いずれも企業社会の専業主婦とは大きく異なり、仕事や生活、子育てなどで大きな困難をかかえていた。『サンダカン八番娼館』のサブタイトルでいえば、「日本の母親」の女性たちは「底辺女性」だった。山崎は、「日本の母親」

を通じて聞き書きを学ぶとともに、底辺女性への視座を得たのである。

二つ目の淵源は、一九六六、六七年から始めたアジア女性交流史研究会と『アジア女性交流史研究』の発刊である。山崎は一九七〇年に「アジア女性交流史とわたし」(『愛と鮮血』)という文章を書き、今までの女性史は、解放史であってもエリートの女性を対象とし、西欧の尺度で書かれていたと述べる。それに対して、山崎自身は「底辺生活がひとつの原体験」であり、エリート中心の女性史では見えない「底辺の女性史」を模索していること、底辺に生きた女性は、からゆきさんや大陸の花嫁などのようにアジアに深くかかわっていたとして、底辺女性からさらにアジアへの視座を加える必要性を指摘する。

山崎朋子と森崎和江

底辺女性とアジアへの視座を持とうとした山崎は、アジア女性交流史研究会(以下、研究会)および『アジア女性交流史研究』(以下、研究誌と略記)を通じた森崎和江との交流から大きな影響を受けた。これが『サンダカン八番娼館』に至る三つ目の淵源である。研究誌には、山崎と森崎らの濃密な交流が刻まれている。

研究会に入会した森崎は、早くも一九六八年の研究誌第二号に詩「朝鮮海峡」を発表、以後、いくつもの文章を寄せる。森崎ら九州の女たちは研究会から刺激を受け、北九州に研究会の

「新たな根拠地」をつくろうとした（第三号、一九六八年）。山崎は九州での動きから刺激を受け、一九六八年夏、「わたしは、この三号を背負って九州へ飛ぶ」（同前）と書いて、天草へのはじめての旅に出た。天草への旅のあと、山崎は研究誌に次のように記している。「九州の会員諸兄姉を訪問する旅に出たわたしは、炭鉱地帯の中間市をはじめ、福岡市、水俣市で、心あたたまる歓迎をうけた」（第四号、一九六九年）。天草への旅は、同時に、「新たな根拠地」をつくろうとしている「九州の会員諸兄姉」を訪ねる旅でもあったのであり、天草行きと『サンダカン八番娼館』の執筆は、森崎らとの交流に促されるなかで実現したといえるだろう。ただ、その交流をたどると、山崎と森崎では、聞き書きへの向き合い方に相違があったことも見えてくる。

九州に「新たな根拠地」をつくろうとした森崎らは、北九州・筑豊地区アジア女性交流史研究会として、座談会「私にとっての「アジア女性交流史研究」」を開く（第六号、一九七〇年）。座談会では、若い世代を中心にして、アジア認識をもつことの難しさがくりかえし語られ、この研究誌でそれが可能なのかという意見まで出された。これを受けた森崎は、座談会および研究誌第六号の「編集後記」で、「社会的状況の認識と（自分の――引用者注）存在認識とが接点をきつかりと持ちがたい」ことを自覚し、アジア認識の「手がかりのなさ自体を問題」にする「戦後世代」の「発想を大切にしたい」と述べ、そのうえで、「資料に依ることのない女性史を掘るには、たゆみなく歩くことと自ら歴史を創るところの日常的な集団的活動のつみ重ねがいる」と指摘し、さらに、「研究の成果が個体の私有へ帰すような史実の発掘法に終るならば、庶民が常に素材化されてきた歴史を越え得ないことになってしまう。私たちはここを越えていきたい」と述べた（傍点—引用者）。

森崎はここで聞き書きにかかわって、大事な指摘をしている。アジアや戦争を問うこと自体の困難を自覚し、資料のない女性史を掘るために歩き続け、庶民が常に素材化されてきた歴史を越えることである。歩き続けて女たちから話を聞き、女たちの素材化を越えるために森崎が心がけたことは何だったのか。それは、『まっくら』にかかわって先に述べたように、「心を無にして、相手の思いの核心に耳をすます」、「相手の語りたく伝えたく思っておられることの、その肌ざわりを感じとること。けっして、こちらの予定テーマを持たぬこと」だった。相手の話のなかに聞きたいことを求めた森崎に対して、山崎は、聞きたいことが自分自身のなかに強くあったのであり、ここには、「語る歴史、聞く歴史」の二つの大きな方法の相違が横たわっていた。おフミさんの一件に見られた使命感の強さは、山崎の聞き方と強くかかわっていたといっていいだろう。

古庄ゆき子

大分県で日本の古典文学を研究していた古庄ゆき子は、一九六〇年代の高度経済成長によって農村と女たちが急激に変貌する様を目の当たりにするなかで女性史に関心を示し、一九七〇年代に自らとりくんだ大分の女性史の成果を、『ふるさとの女たち』(一九七五年)として出版した。古庄自身の女性史へのめざめについてまとめてみたい。

古庄は、朝鮮戦争下の一九五一、五二年ごろに、米軍キャンプのある町のサークルで、井上清『日本女性史』を読んでいる。この本は、当時のサークル共通の学習書の観があり、マルクス主義による解放の視点からの女性史で、一九七〇年代に入ると批判を受けたが、古庄は、この本から、「人間は社会的歴史的存在なのだという、今となってはごく当たり前の、しかし当時の私にとっては全く新しい、人間や社会をみる目」を学んだ。一九五〇年代には、井上の本以外にも、九州筑豊の森崎和江らによるサークル村や鶴見和子の生活記録運動、山代巴の農村文化運動などがあり、聞き書きを含めた女性史の成果が各所で誕生していた。古庄自身、それらの運動に加わったわけではなかったが、これらの人びとの著作を通して、「その運動とはるかに呼吸を合わせていた」(古庄「女性史・女性学」一九八五年)。

とはいえ、古庄はそこから直接、女性史に向かったのではなかった。古庄が女性史の必要性を痛感したのは、高度経済成長の進行のもとで、大分では一九六三年に誕生した新大分市が新産業都市の指定を受け、農漁村が激しく崩壊する様を目の当たりにしたからだった。一九六〇年代に三ちゃん農業の主力だった大分の農家の主婦は、一九七〇年代に入ると、早朝のマイクロバスで道路工事や土木の現場に働きに出るようになり、女たちを縛りつけていた家がすさまじい勢いで解体していった。古庄は、「書くことを通して」第一次産業の没落に翻弄されている農村の女たちとともに「この時代を生きたい」と思い、女たちの今を知るために過去に向かった。古庄は、「どこまでいっても孝女・貞女・愛国婦人」しかいない大分の歴史に「窒息しそう」になるが、女性史の叙述を通して、女たちが生きていた社会のなかに女たちを「蘇生させよう」とした(『ふるさとの女たち』、古庄「女性史と私」二〇一〇年)。

古庄は女性史の読み手から書き手に転身した。自らも「無謀な転身」と述べたが、それができたのは、「女性史が在野の学=民間学」だったからだと古庄はいう(「女性史と私」)。女性史は、くらしと密着した家族のあり方と既存の学問を問い直そうとしたので、「在野の学」として育ってきた(「女性史・女性学」)。古庄は、中国の「はだしの医者」にならって、「在野の学」を担う地域の女性史の研究者を「はだしの研究者」と呼び、自分自身もその一人だと述べている。「かつての女たちは、一片の記録も残さず死んでいった」。「はだしの研究者」がもっとも優れた力を発揮したのは、「聞き書き」による女の歴史の掘り起こしだった。一九七〇年代に入ると、全国各地に地域の女性の歴史を掘り起こす女たちが現れてきていた。古庄の『ふるさとの女たち』は、「はだしの研究者」が女の歴史に向き合い、格闘した本である。

『ふるさとの女たち』

『ふるさとの女たち』は、文字史料と聞き書きを組み合わせ、三つのテーマを追究した本である。娘たちの処女会と教育を対象に、「孝女」をつくりあげた大分の近代史の考察と、戦前の富士瓦斯紡績大分工場の女工争議と朝鮮人女工の検討、家を解体する大分の農家の女たちの現在（一九七〇年代）の考察である。

このうち、聞き書きは富士紡大分工場で働いていた朝鮮人女工二名について行われている。大分県には、一九七〇年代に朝鮮総連による朝鮮人強制連行に関する調査団がやってきた。朴慶植『朝鮮人強制連行の記録』を契機にして、全国で始まった調査である。そのときまで古庄は、戦前の富士紡大分工場で朝鮮人女工が働いていたことを知らなかった。聞き書きについて、森崎和江らの「運動とははるかに呼吸を合わせていた」古庄は、あらためて身近にくらす大分県の朝鮮人女工に向き合い、「紡績工場の朝鮮人女工」と「オモニのうた」の二つの文章をまとめた。

前者の文章は、一九七四年執筆時の日本と朝鮮の関係から始まり、古庄の問題関心の所在がよく示されている。『朝日新聞』の記事「看護婦〝ヤミ輸入〟」（一九七四年七月一日）により、研修という名目で韓国、東南アジアの若い女性が来日し、看護婦として安い賃金で働かされている様子が紹介される。富士紡大分工場の朝鮮人女工の話は、決して過去のことではなく、「古くてつねに鮮烈」な「日本の朝鮮支配の一つの切り口」だと古庄はいう。そのうえで、戦前の最盛期に七〇〇名もいた大分の朝鮮人女工は、朝鮮に工場ができると帰国し、一九三〇年代には代わりに沖縄の娘が来県したこと、朝鮮・沖縄はともに貧しく、それが工場の労働条件の劣悪さに結びついていたとし、その先に一九七〇年代の日本列島改造による農村からの労働力流出を見ている。古庄は、歴史と現在を往還しながら、朝鮮人女工の歴史的意味を探ろうとし、前者の文章では鄭オモニに、後者の文章では全オモニにそれぞれ聞き書きを行って同書に収録した。二人の聞き書きは、ともに朝鮮総連の調査に古庄が同行し、その後古庄が独自にとりくんでまとめたものである。

朝鮮人女工二人の聞き書き

二人の聞き書きについて四つの特徴を指摘できる。表現方法、聞き手としての自覚、語る歴史全体の理解、叙述方法である。

聞き書きの難しさは、語る言葉の表現方法にある。語った言葉をそのまま表現するのか、方言はどうするのか、語る歴史の表現を整えることはどの程度まで許容されるのか、聞き書きにはこのような問題がいつでもついてまわる。聞き書きの表現で古庄がもっとも苦労したのは、日本語と朝鮮語の問題だった。全オモニは、日常生活を日本語で話すので、古庄は「何となく日本語ではなしができると考えて出向いた」が、ときに朝鮮語になることがあった。朝鮮語をまったく知らない古庄は、オモニの表情から読みとる以外になく、同行してもらった藤田美枝（大分県日朝協会理事長）の通訳の力を借りて、ようやく理解することができた。藤田は長年のつきあいのなかで、全オモニの心を開かせることができる人だった。

聞き手としての自覚の必要性がくりかえし書かれていることも古庄の聞き書きの特徴である。日本語と朝鮮語の問題をめぐり、心の奥底の話になれば母国語（朝鮮語）が生き返ることはわかるはずなのに、「つい気がつかないのである」と述べ、「この「つい」こそわたしのなかに生きている植民地支配をした国の人間の感覚である」と述べる（傍点―原文）。今でいえば、植民地主義の意識と向き合いつつ、どのように聞けばいいのか、そのことを古庄は考え続けていたといっていいだろう。

聞き手の自覚は、聞き手の理解ともかかわる。幼くして紡績工場に入った鄭オモニは、日本語がわからず、仕事に慣れず、機械に十分に手が届かないのでよく糸が切れ、「日本人の女監督が怒ってなぐる。髪の毛や耳をひっぱる」ので、便所でどれだけ泣いたかしれなかった。そんな鄭オモニが語る歴史に古庄が「つらかったでしょう」と言うと、鄭オモニは「悲しい」「寂しい」という「抒情的表現のいっさいをうけつけず」、「しようがない」「なさけねえ（ない）」と言った。「しようがない」に古庄は、少女のときからの、「あきらめにつづくあきらめを強いられた生活が茫々と広がって」いることを感じ、「なさけねえ(ない)」には、「不幸な境遇におかれた」ことへの「くやしさ、切なさ」を「かぎとって」鄭が使っているのではないかと考えるようになる。そんな鄭からも泣くこととうたをうたうことだけは奪えなかったと受けとめた古庄は、泣くこととうたうことは、「生きていることの、人間であることの最後の証し」だったのではないかと思うようになった。とはいえ、古庄は鄭から、「何ぼ話しても何するの、あんたは日本人じゃろ」と言われたことがあり、かといって「反骨の心」も感じられず、どう受けとめたらいいのかわからなくなることがあった。鄭と接点をもつことは容易でなく、古庄は鄭の言葉を、「きりきりと胸にもみこまれる思いでき」く以外になかった。

鄭オモニが語る歴史を受けとめるために、古庄がくりかえし思案している姿が印象に残る。その際に、古庄は鄭が語る歴史の言葉尻や雰囲気をとらえて、それを鄭の性格や個別の事情と結びつけて受けとめるのではなく、鄭が生きた全体性のなかで理解しようとした。鄭が生きた全体性とは、少女のときに募集人にさらわれるように日本に連れてこられて以来、不幸の境遇に深く押し込められていたことであり、それゆえ鄭からは「反骨の心」を感じることが難しく、鄭と接点をもつことも容易でないように感じられたのである。鄭のなかで「反骨の心」がなくなったのではない。毎日のくらしのなかで奥深く押し込められてしまったのである。生きた歴史の全体性を理解することは、先述のように、古庄がめざした、女たちが生きた社会のなかに女たちを「蘇生させ」ることだったように思われる。

「オモニのうた」

二人の聞き書きの特徴の四つ目は叙述方法である。鄭オモニの場合には、時系列で編集されており、そのなかで古庄の文章のなかに鄭オモニの語りがそのまま挿入されていたり、「　」で挿入されていたりする。鄭オモニの語る歴史と古庄の聞く歴史が交互に書かれており、聞き手＝古庄が聞くことにどのように留意したのかがわかるように叙述されている。

それに対して全オモニの場合には、聞き書きの経緯や古庄の感想が書かれたあとに、全オモニの「口伝」が置かれている。全オモニの「口伝」について古庄は、「オモニの語ったままでなく、私なりに整理したもの」と指摘するとともに、時系列には編集していない。

時系列に編集しなかった理由には、朝鮮人強制連行の調査に同行した経験があったように思われる。この調査の証人の一人だった全オモニにとって、「誰が、いつ、どこで、何をしたかといった分析的質問ほど困るものはないよう」であり、古庄は、「この種の質問で、彼女が何度か絶句したのを思い出」し、「伸びやかな問わずがたりの時間」が必要だったのではないかと記す。その後、古庄はおそらく、「伸びやかな問わずがたりの時間」ができるように配慮して全オモニに直接話を聞いたはずである。そうしてみると、全オモニのなかで時間の節目は、

「ずっと昔」「朝鮮にいたとき」「結婚から何年目」「じいさんが日本に渡って三年目」というように、自分の経験とつながっており、さらに時間や人物、場所は、「一つのドラマのように、生活のなかでつながり合って、あれを引っぱれば、こっちまで、こっちを引っぱればあっちまで出てこなければ完結しないものになっている」ことに古庄は気づいた。全オモニの語る歴史のなかでは、時間にそって経験があるのではなく、経験のなかで時間がつながり合っていた。「豊かな感情の持主」である全オモニは、「ときに溢れだすような思いと、思いの豊かさについてゆけない彼女の日本語との間を行き来し、もどかしがり、身もだえし、ついに母国の朝鮮語をよびよせ、うたいだす」ことがあった。ここから古庄は、先述のように、自分のなかにも植民地主義の意識があることに気づいた。古庄は、経験のなかに時間があり、「豊かな感情の持主」である全オモニの語りにふさわしい聞き取りと叙述の方法を考え、聞き取りでは時間にそった「分析的質問」はせずに、叙述も時系列に編集しないことを選んだのではないかと思われる。

全オモニの語りは、「裁判所や警察での証言にはすぐ役に立たない」（傍点—原文）。「何か一つを実証しようとしているのでなく、人間らしく生きられなかった日々すべての告発」として受けとめる必要がある。「オモニのうた」は、「在日朝鮮婦人の日本における生活」の「部分的真憑性よりも全体的真実性」を示したものであり、古庄は、「特定の個有《ママ》名詞を通りぬけた、在日朝鮮人旧世代の婦人の声をオモニのなかにきいた」と述べている。

記念碑的な作品

「オモニのうた」をはじめて読むと、全オモニの話はあちこちに飛び、時間を行き来し、身辺雑記におよんでいるような印象を受ける。一見すると無秩序のようだが、しかしよく読むと、全オモニがこだわるテーマがいくつかあることに気づいた。家族、朝鮮、「苦労」である。夫や子どもたちや朝鮮について、貧しさの底にあった「苦労」についてくりかえし語り、感情が高ぶると朝鮮語で朝鮮のうたをうたった。「オモニのうた」では、「あげな苦労はな」と、折にふれて「苦労」にもどり、「苦労」と結びついた具体的な経験が語られている。「苦労」について語る一節を引用してみよう。

　苦労、苦労した。あげな苦労はな。もうしとうねえ。だれもさせともねえ。ことばもわからん、字もわからんでな。馬鹿にされて、ほんとつまらん。もうこげえ年とってしもうてな、顔もきさなくなってしもうた。
　うち、子ども九人生んで、九人全部育てたけんな。病気もせん、ろくなもん食べさせせんで、あげえ着るもんもねえに。

全オモニの語り方の特徴が見えてくると、全オモニはどのようなことを「苦労」として意識し、どのように語っているのかがわかるようになってきた。たとえば、産婆さんにお金が払えなかったこと、紡績工場に乳飲み子を連れていって働いたこと、学校に行く子どもに弁当を持たせられなかったこと、言葉や字がわからずに馬鹿にされたことなどである。全オモニは先に日本に来ていた夫を追って来日し、夫の造る石を積むために子どもをおぶって縄をなった。だが縄をうまくなえず、いくら積んでも石が落ちてしまう。泣いて夫のところに行くと、「お前、三年も朝鮮に残りておったに、いいところ嫁いかいいに、なしこげなところにきたか」とか、「お前が来んなら、いいおなご紡績いでよる若いの貰うに、なしきたか」と怒られたと全オモニは語る。

右に例示したことを含め、全オモニが「苦労」を通して語ったのは、子育てや自ら働くことを含めた生活万般のやりくりについてであり、夫との関係と、さらには朝鮮と在日朝鮮人、日本人とのかかわりについてであった。

二〇歳代前半で日本にわたり、九人の子どもを育てあげ、朝鮮の家族に仕送りするために、働きづくめで必死で生きてきた全オモニにとって、これらが貧しさのなかの「苦労」として思い起こされることだった。夫婦のあいだでも、生活万般のやりくりは母であり妻である全の双肩にかかる比重が大きく、同じく外で働く場合にも全オモニは乳飲み子をかかえて工場に出かけたように、夫婦で同じ分担をしていたわけではなかった。全夫妻には、朝鮮以来の、貧しい庶民なりの男女の役割の相違が刻印されていたのであり、それがたとえば右の紡績の仕事をめぐる夫婦の意見の相違のように、全オモニの「苦労」と結びついて記憶されていた。それに加えて、日本語がわからなかったことなど、在日朝鮮人であることも「苦労」と結びついていた。

全オモニにとって、「苦労」をめぐる時間と経験は、貧しさとやりくりのなかで連鎖するようにつながり合っていた。それが全オモニの記憶にはりつき、語る歴史にも反映していたので、話があちこちに飛び、時間を行き来しているように感じられたとしても、それは無秩序に語られたことでは決してなく、貧しさのなかで生活をやりくりして生をつなぐことを基本とした生活実践が具体的に語られていたのであり、そこを読みとる必要がある。全オモニは全オモニなりの生きた歴史の全体性を語っていたのである。古庄は朝鮮語の壁があったにもかかわらず、全オモニの語る歴史のなかでつながり合っていた連鎖を理解し、全体性を受けとめようとした。古庄は、全オモニもまた、生きた歴史のなかに「蘇生させ」ようとしたのである。

古庄ゆき子の在日朝鮮人女性の聞き書き二篇は、文字史料を中心にした『ふるさとの女たち』に収録されていたので、今まで、「語る歴史、聞く歴史」としてとりあげられることはほとんどなかった。しかし、明治から一九七〇年代までの「語る歴史、聞く歴史」をたどってきた本書のなかにおいたとき、古庄の聞き書きのうち、とくに「オモニのうた」は、経験を「語る歴史、聞く歴史」のなかで記念碑的な位置をしめる作品だと思う。それはなぜか。

一点目として、古庄は何よりも全オモニの感情や気持ちの起伏を含めて語る歴史を受けとめている。「オモニのうた」には、感情が高ぶったり、何かを紹介したりするときに、全オモニが朝鮮語で朝鮮のうたをうたうシーンが何度も登場する。鄭オモニの場合にも、古庄は泣くこととうたうことを受けとめて叙述していた。「語る歴史、聞く歴史」は、何よりも人と人が対面するなかで行われるものであり、そこに大きな特徴がある。古庄はそのことをよく理解して全オモニの語る歴史を聞き、「オモニのうた」を叙述した。その叙述には、対面性／身体性が「語る歴史、聞く歴史」の大事な要素であることが刻み込まれているといえよう。

　身体と感情を受けとめた古庄は、全オモニの「口伝」を時系列で編集せずにまとめた。これが二点目である。その結果、過去と現在を往還し、時間と人物、場所がつながり合うなかで語られた全オモニの歴史からは、全オモニに固有のことではなく、朝鮮から日本に渡り、苦労に苦労を重ねた在日朝鮮人の女性の語る歴史に共通の側面があることが浮かび上がる。古庄が、全オモニの語る歴史のなかに、「特定の個有《ママ》名詞を通りぬけた、在日朝鮮人旧世代の婦人の声をオモニのなかにきいた」と述べたのは、このことにかかわっている。全オモニの語る歴史に徹底して寄り添った古庄は、在日朝鮮人女性に普遍的な歴史も聞くことができたといっていいだろう。

　対面性／身体性を自覚し、時系列で編集しないことが全オモニの語る歴史の全体性を浮き彫りにすることをよく理解した古庄はまた、「オモニのうた」は、「オモニの語ったままでなく、私なりに整理したもの」であることも自覚していた。これが三点目である。この点については、柳田国男の『遠野物語』を思い出してほしい。『遠野物語』は、佐々木喜善の語る歴史を柳田が取捨選択し、叙述を自覚し、文体を選びとったはじめての聞く歴史だと指摘しておいた。「オモニのうた」は、時系列に編集せず、全オモニの語る歴史にそっているように見えるが、そのような叙述であることを含めて、古庄が「整理」し選びとった叙述であった。

以上のように、「オモニのうた」は、語る、聞く、叙述するという三つの側面に自覚して向き合った作品であり、この三つすべてを自覚して経験を「語る歴史、聞く歴史」にとりくんだ作品はそれまでになく、その意味で「オモニのうた」は記念碑的な作品といえる。古庄が全オモニの声のなかに「在日朝鮮人旧世代の婦人の声」を聞くことができたのも、この自覚があったからであった。

森崎・山崎・古庄――女性が女性の経験を聞く

森崎和江、山崎朋子、古庄ゆき子の三人が聞き書きをした〈現場〉をたどってみた。それまで、自らの歴史をもてなかった女性が自らの歴史を語る、それを仲立ちしたのが森崎ら三人であった。その特徴とは何か。

一つは時間。三人の聞き書きは、戦後と高度成長による時代変化のなかでとりくまれた。三人は、戦後に女性をめぐる問題にめざめ、森崎は、植民地朝鮮から日本にもどり、日本になじめないなかで、瀬川清子の衣服や女坑夫にふれ、女性たちのエネルギーに引き込まれた。山崎は、戦後の男女共学や演劇活動を通じて女性問題に関心をもち、古庄は、井上清『日本女性史』を学び、森崎や鶴見和子らによる女性史の成果に「はるかに呼吸を合わせていた」。

その三人は、一九五〇年代末から七〇年代前半にかけての高度成長の時代に聞き書きを行っている。高度成長によって炭坑での生活は大きく変わり、女たちの体内に残っていたアトヤマ労働の熱との対比を際立たせていた。そのもとで聞き書きをした森崎。山崎は、雑誌に連載した「日本の母親」ではじめて聞き書きにとりくみ、高度経済成長の陰で、仕事や生活、子育てに大きな困難をかかえていた母親たちから話を聞き、そこから底辺女性の視座を得た。古庄の周辺では高度成長による第一次産業の打撃により、一九七〇年代に入ると農家の女性たちはマイクロバスで工事現場に働きに出るまでになった。古庄はその変化に後押しされるようにして自ら聞き書きに向かった。戦後と高度成長による時代変化のなかで、三人は、聞き書きによって、文字史料に残らない女性の経験に含まれた原初的なエネルギーを引き出そうとしたのである。

二つ目の特徴は身体性である。三人は、何よりも女性として女性に寄り添おうとし、そのなかで語る歴史を聞いている。三人の聞き書きからは、女性のセクシュアリティの歴史も浮かび上がってきた。山崎のからゆきさんには性売買の歴史を、森崎の女坑夫には労働とエロスのセクシュアリティを見つめる視点がある。

古庄のなかにも労働とエロスに着目する視点があった。『ふるさとの女たち』の最後におかれた「何処へ――おくれてきた村の女たちの近代」のなかで、古庄は村の女たちの近代を振返るとともに、早朝にマイクロバスに乗って働きに出る農家の女たちの印象的な場面を書きとめている。朝は五時すぎから炊事や子どもの世話に追われ、あわてて家を飛び出してマイクロバスに乗る。夕方は早くて五時半、遅ければ六時半に家に帰り、炊事に片づけ、洗濯、子どもの相手、翌朝の準備をこなす。過重な労働のはずだが、古庄は、「朝、家をすべりでてくる彼女たちには、疲れではなく、うっすらと解放感がただよう」ことを見逃さない。工事現場などでの労働は資本に吸引された過酷なもので、一日八〇〇円から一二〇〇円の賃金しか支払われなかった。だが、たとえどんなに賃金が低くても、彼女たちの労働に直接対価が支払われ、家以外の男たちや女同士で労働する仲間をもつことなど、それまでの農家のくらしでは考えられないことであった。農家のなかで老人や子ども、夫に「羽交絞め」にされていたときの顔色とは異なり、家を飛び出た彼女たちの「うっすらと化粧した顔の下に、労働する女のエロスが、かすかに走る」ことに古庄は目をとめている。この場面の描写にあたり、古庄はサキヤマとアトヤマを例示しているので、森崎和江の『まっくら』を念頭においていることは間違いないだろう。過酷な炭坑労働にもかかわらず、アトヤマの女坑夫に労働とエロスを認めた森崎のように、古庄もまた、農家と農業がすさまじい勢いで解体する際のマイクロバスのなかに、一瞬、「労働する女のエロス」が走ることを見つけたのである。

三つ目の特徴は特有の場である。朝鮮で生まれ、戦後日本になじめないうちに、筑豊で女坑夫に聞き書きをした森崎。底辺女性とアジアへの視座をもち、九州天草で聞き書きをするなかで「日本帝国主義批判」の観点を鮮明にした山崎。大分の地で、時代に翻弄された農家の女性と同じ時代を生きるために女性たちの歴史を書き、そこから在日朝鮮人の女性に聞き書きを行い、自らのうちにもある「植民地支配」に気づいた古庄。三人の場は、植民地、アジア、九州という共通性をもつ。植民地に近い九州で女性が女性の経験を聞いたとき、植民地やアジアとの接点が見えてきたのである。これらの地と高度成長が交差するなかで行われた聞き書きからは、取り残され、翻弄され、底辺を際立たせていた女たちの歴史が浮かび上がってきた。

以上のように、三人にはいくつもの共通性があったが、大きく異なったのは聞く歴史への向き合い方と叙述だった。先述のように、聞きたいことが自分自身のなかに強くあった山崎と、語りたく思っていることに耳をすまそうとした森崎・古庄とでは、聞く歴史の向き合い方に大きな相違があったといえよう。向き合い方の相違は叙述にも反映していた。山崎は、おサキさんから聞いた話を時間の流れにそって再構成し、ライフヒストリーのかたちでまとめた。それに対して古庄は、全オモニの思い起こす過去と現在の経験にそいながら叙述した。おサキさんの話は曲折に富み、はじめて知る話も多いが、時間の流れにそっているので読みやすい。ただし、おサキさんは、その当時、どのようなことを気にしてからゆきさん時代のことを語ったのか、あるいは語りたがらなかったのか、三〇ワットの暗い電灯や破れ障子の「茅屋」でくらすことと過去の経験は、おサキさんのなかでどのように結びついていたのかなど、おサキさんの話を彼女の経験に即して理解することは難しい。それに対して、個々の経験にそった「オモニのうた」は決して読みやすくないが、全オモニの経験に即して生涯を思い描くことができるし、全オモニの生活への向き合い方や語り方の特徴なども理解できる。ここには、「語る歴史、聞く歴史」は、何にそって叙述されるべきかという根本的な問題が胚胎している。

戦後における二つの聞く歴史

第2章と第3章を通じて、戦後の一九八〇年代までの「語る歴史、聞く歴史」の輪郭を追ってきた。そこから見えてきたことは、この時代の「語る歴史、聞く歴史」には、対象だけでなく、異なる二つの方法があったことである。一つは、記録を重視するものであり、語り手と聞き手がまじわる場面を設定し、記録にかかわる人（速記者あるいはテープレコーダーを操作する人）

が加わり、聞き手の質問に答えるかたちで語り手が話すものである。政治を聞く歴史に代表されるものであり、行政やジャーナリズム、社会運動を聞く歴史も該当する。

もう一つは、文字に残らない歴史や残りにくい歴史、文字を書けない人びとの歴史をめぐって、経験を聞くものである。この場合、人びとがくらす場に出かけて聞く場合が多い。くらす場に出かけたからといって、すぐに話を聞けるわけではない。沖縄戦を聞く歴史では、座談会への出席を最後まで拒んだ人が少なくなかったし、女性の経験を聞く歴史でいえば、長く泊めてもらってようやく話を聞けた山崎朋子の例や、言語の壁や自らのなかにある「植民地支配をした国の人間の感覚」に気づき、試行錯誤のなかでどうにか聞く歴史にとりくんだ古庄ゆき子のような例があった。

経験を聞く歴史の場合、沖縄戦のように座談会を開き、テープレコーダーに録音して、それを記録した場合もあるが、多くの場合、語る歴史の内容はそれぞれの叙述に反映されていて、記録が別に残されることは少ない。この点からすれば、経験を聞く歴史は不十分ということになるのだろうか。そうではあるまい。

経験を聞く歴史からは、語り手に尋ねるだけでなく、語り手に寄り添い、語り手の感情を受けとめるなかで、語り手の話に耳を傾け、聞くことを意識した聞き手があらわれてきたことに留意すべきである。たとえば古庄は、語り手が「豊かな感情の持主」であり、「伸びやかな問わずがたりの時間」に留意する必要があることを理解するなかで、聞く歴史に臨んでいる。沖縄戦の座談会でも、沖縄戦を思い出し、感情が高ぶる語り手の語りを受けとめようとした聞き手が存在していた。

経験を語る歴史は語り手の身体や感情とともに存在しており、経験を語る歴史を受けとめて聞く歴史に向き合い、そこからさらに叙述にとりくむ聞き手がいてはじめて成り立つ。経験を語る、聞く、叙述する場面における聞き手の重要性。語り手と聞き手がともにいて成り立つ〈現場〉。記録に重心をおく「語る歴史、聞く歴史」とは異なる、経験を「語る歴史、聞く歴史」の特徴がここにある。このような聞く歴史と叙述を通してはじめて、歴史の奥底に沈み、さまざまな抑圧や生活の困苦のなかで見えにくくなっていた人びとの経験がようやく姿をあらわすことになったのである。

第4章　聞き取りという営み

——私の農村調査から

なぜ、聞き取りにとりくんだのか

今まで、明治期から一九七〇〜八〇年代までの、「語る歴史、聞く歴史」の歴史をたどってきた。それに対して、この章からは、聞き取りをめぐる私の経験について述べることにしたい。二〇代半ばの一九七〇年代後半から現在に至るまで、私は自分の歴史研究のなかで聞き取りにとりくんできた。ほぼ四〇年が経過している。今回、本書の執筆を進めるなかで、私はなぜ七〇年代後半から聞き取りを始めたのか、今まで自分自身のなかであまり浮上していなかった問いに向き合い、考えることが必要だと感じるようになった。

私が聞き取りにとりくんだ直接のきっかけは、一九七五年、大学三年生のゼミの農村調査にある。ゼミの中村政則先生を通じて、聞き取りをはじめて見聞した私は、その後、大学院に進んで日本近現代の農村史研究をテーマに定めたとき、先生の見よう見まねにより、自分の調査地で聞き取りを始めた。

これが直接の契機だったが、本書にとりくむ過程で、七〇年代は「語る歴史、聞く歴史」がひろがった時代だったことがわかったとき、当時の私は意識していなかったが、私はそのような時代の雰囲気のなかで聞き取りを始めたのではないかと思うようになった。

七〇年代の聞き取りのひろがりを考えるうえで、第2章の冒頭で紹介した鶴見俊輔の言葉が印象深い。鶴見は、七〇年代に聞き書きがひろがった理由として、「自分の意見を言うという人間の型」に対して、「他人の意見をきくという人間の型」が重視されるようになったからだと述べ、聞くということは、「人との関係において生きる」ことだと指摘した。戦争から二、三十年が経過し、声の文化、音読の時代が終焉を迎えたもとで、急激な社会変化(高度成長)を経験した人びとは、七〇年代に「人との関係において生きる」ことを再確認する必要性を感じ、聞き取りにとりくむようになった。

以上からすれば、私が聞き取りを始めた理由として、ゼミでの体験と時代の雰囲気があったのではないかと推察できるが、ただし、大学院に進んだゼミ生がみな聞き取りにとりくんだわけではなかったことを考えると、時代の雰囲気だけでなく、私自身のなかにも聞き取りに向かう原初的な関心があったのではないかと思うようになった。高校時代の私は、文学や映画、演劇に関心をもち、人とかかわる勉強をしたかったが、大学で文学や映画を学ぶイメージがわかず、文学部に進みたいとは思わなかった。予備校の教師から若手の優れた日本史の教員が集まっている大学があり、経済学部でも日本史を学べることを知った。日本史(歴史学)であれば人とかかわることが学べるかと思い、そこから私は、経済学部で歴史学を学ぼうと進学した。この原初的関心がのちに私を聞き取りに向かわせた内的要因としてあったのではないか、今回、浮上してきた問いに対して、私はこのように考えた。

のちに紹介するように、聞き取りにとりくんだ私はしだいに引き込まれ、聞き取りから人びとの人生を考えたり、研究テーマを得たりするようになった。大学三年生のときの体験に加え、時代の雰囲気や初発からの関心が重なるなかで、私は今に至るまで聞き取りを続けてきたのではなかったのだろうか。

私の聞き取りを振り返る

私は今までに、何回か自分の聞き取りを振り返る文章を書いてきた(「聞こえてきた声、そして「聞きえなかった声」」二〇〇四年、「昭和初期　山梨の女性たち」二〇〇六年など)。今回、あらためて聞き取りの経験をたどり直すにあたり、二つのことに留意したい。一つは、聞き取りにとりくんだ同時代の状況にできるだけ即して検討することである。幸いなことに私の手元には、二〇代後半から三〇代のころ、農村調査で聞き取りをしていたときのノートと三〇本のカセットテープが残されている。今回、まったく久し振りにカセットレコーダーにテープを入れてみた。過去の奥の方から、声がよみがえってきた。ノートとテープの声を参考にしながら、同時代の状況に即して私の聞き取りを検証してみたい。もう一つは、第1章から第3章まで、戦前・戦後における「語る歴史、聞く歴史」の歴史をたどってきた現在の地点から、私自身の聞く歴史について考えてみることである。

テープを聞き直し、同時代史に即して検証すると、私の聞き取りは三つの時期に区分できた。〈第一期〉一九七八〜九七年、〈第二期〉一九九七〜二〇〇三年、〈第三期〉二〇〇三年〜現在までである。時期区分には三つのポイントがある。聞く方法、だれに聞くのか、聞き取りから叙述への三つである。

聞く方法と想定外の話

大学院に入った私は、日本の近現代における農村の歴史研究を志した。戦前の日本社会では、今よりもはるかに農業・農民の比重が大きかった。一九三〇年代に大きな不況が訪れたとき（昭和恐慌）、恐慌の影響はとくに農村で深刻であり、政府は恐慌対策として農山漁村経済更生運動というものを実施した。恐慌対策がとりくまれたあとの一九三七年から日中戦争が始まり、日本社会では戦争の影響が大きくなっていく。恐慌から戦争に至る一九三〇年代の推移を考えるうえで、農村の恐慌対策は重要な位置をしめていると考えられた。私は、この対策が地域で実際にどのようにとりくまれたのかを検証するために、政府や県の史料をもとに調査地を長野県安曇野《あずみの》の温村《ゆたか》（現安曇野市）に定め、東京から中央本線の夜行の急行アルプスに乗り、調査地に通った。

温村の調査については、一九七八年七月と八月の二つのテープが残されている。あらためて聞いてみると、私は自分の研究テーマに即して温村の歴史を聞いてきた。「テーマを聞く」方法である。当時の私の調査は、役場史料などの文字史料を探すことを主としており、史実を確認する補助として聞く歴史を行っていた。

温村の調査を終えた私は、一九八〇年代に入り三〇歳代になると、主に二つの調査地で歴史の研究を続けた。一九七九年より始めた岐阜県の共同研究と、新たに一九八五年より私自身で始めた山梨県での研究である。

戦前の農地の半分は地主が所有しており、農民の三分の二は地主から小作地を借りる小作農民だった。小作農民は、小作地を借りる代わりに地主に小作料を支払う。現物の農作物(田であれば米)で支払われる小作料の比重は高く、収穫高の五〜六割におよぶ重い小作料を支払う小作農民は、貧しい生活を送らなくてはならなかった。第一次世界大戦(一九一四〜一八年)は日本に大戦景気をもたらし、いわゆる大正デモクラシーの時代状況のもとで、農村にも都市化や文化の新しい影響が流入した。小作農民の意識に変化があらわれ、一九二〇年代から三〇年代前半の農村では、地主に対して小作料の減額を求める小作農民の集団的な農民運動が起こされることになった。一九三〇年代の恐慌対策を調べた私は、もう一つ前の時代の農民運動について岐阜と山梨で調査を始めた。この調査を通じて、一九二〇年代から三〇年代の農村社会の推移を全体として把握し、大正デモクラシーから戦争に至る戦前日本の重要な時代の変化を、農村に即して明らかにしようと考えたのである。

二つの調査地の農民運動について聞き取りテープが残されている。この過程で私は、想定外の話に多く遭遇することになる。最初は、一九八三年、岐阜県宮地村（現郡上市《ぐじょう》）の農民運動に参加した野原東一《とういち》さんから話を聞こうとしたとき、農民運動に参加する以前の大阪の話がたいそう面白く、話がふくらんだ。

一九〇九年に生まれた野原さんは、一五歳から一七歳にかけて大阪の尼崎紡績会社に出稼ぎに出た。野原さんはそこで今までにない体験をした。工場長が慶應義塾大学出身の自由主義者で、かれの紹介ではじめて新聞の社説やサンディカリズム、マルクスの本に接したことであり、大阪の街に大正デモクラシーの雰囲気が残っており、縁日などで社会主義者が本の宣伝をしていたことであった。これらの体験により、野原さんは世の中に矛盾があることにしだいに気づいていく。それに加えて、進学希望の強かった野原さんは大阪で陸軍幼年学校を受験したが、軍人の息子でないために合格できなかったと聞き、教育の場でも矛盾を実感したことである。そして帰郷後、自分の体験や考えを村のなかに広め、農民組合再建のために尽力することになる。

宮地村の農民運動以前の話は、想定外のものだったものの、私たちは野原さんの話に導かれ、相当な時間をかけて大阪の経験を聞くことになった。そこから私が学んだのは、農民運動に参加するきっかけは多様であり、時代背景や都市との接点などにひろげて考える必要があることであり、さらにこのとき私たちは農民運動のテーマというよりも野原さんの経験を聞いたのであり、人の経験には思ってもなく、私たちが知らないことが多く含まれているということだった。

ちょうどそのころのことである。岐阜の農民運動の調査で、複数の農民から「コウギロクで学んだ」ということを聞いた。「コウギロク」を知らなかった私は、漢字も浮かばず、当初はそのままにしておいた。当時は手元にスマートフォンなどなかった。再び「コウギロク」という言葉を聞いたとき、おそるおそる聞いてみたところ、通信教育のことで、「講義録」と書くことがわかった。帰宅後に大きな百科事典などを調べ、戦前には中等学校や高等学校の水準の講義録が多数発行されていることがようやくわかった。

岐阜での聞き取りのなかで、私はしだいに予想だにしなかったことに多く出会うようになった。そのなかで、たとえば「コウギロク」は、私の思っていたのとは異なる農民像を垣間見せてくれた。高等小学校(今の小学校のあとで二年間補習)を卒業後、農村で講義録を購読して勉学に関心を示す農民像である。それまで、戦前の農民は勉学に関心がなく、親は子どもを学校に行かせたくないと漠然と考えられていた。はたしてそれは本当なのだろうかという疑問がわいた。大阪での経験を語る野原さんの話を聞き、「コウギロク」の言葉に接したころから、私はテーマについて知るためにも、その人の経験をまるごと受けとめる必要があるのではないかと考えるようになった。

「テーマを聞く」から「人生を聞く」へ

私が聞き取りの方法を変えるようになったのは、山梨県の調査が数年をすぎた一九八〇年代後半のことであった。山梨県の調査は、一九二〇年代から三〇年代前半にかけて、毎年のように農民運動がおきていた中巨摩《なかこま》郡落合村（当時甲西《こうさい》町、現南アルプス市）に照準を合わせた。落合村では、農民運動のテーマを聞く前に時間をかけてその人の「人生を聞く」ようにした。生い立ちや就学、徴兵検査、結婚など、人生の節目にそって聞きながら、その後に落合村の農民運動について聞くようにした。聞き取りの方法を、「テーマを聞く」から「人生を聞く」に徐々に変えるなかで、語る歴史をまるごと受けとめようとしたのである。

落合村で語る歴史を聞いたのは一四名、そのうち一九〇〇年代生まれは四名（男性三名、女性一名）、一九一〇年代生まれは七名（男性四名、女性三名）だった。聞き取りを重ねるなかで、一九〇〇年代から一〇年代生まれの世代の男性には、共通の特徴があることが見えてきた。小作農家の出身であっても、義務教育（尋常小学校六年間）で終えずに高等小学校まで進学して卒業し、講義録や青年団活動に関心を示したり、青年団の機関誌や文芸雑誌に文章を書いたりして、文化・教育に関心をもつ人が多かったのである。岐阜の野原東一さんもこの世代に属していた。この世代の男性は、教育経験や文化への関心において、親たちの世代にあたる明治維新期生まれとは明らかに異なっていた。ここから二つの農民世代では、農村社会や農民運動へのかかわり方が異なることが見えてきた。

それまでの農民運動や農村社会の研究では、階層(階級)の視点が重視されていたのに対して、私は新たに「世代」の視点を加え、「階層」と「世代」の二つの視点で近代日本と農村社会の関係を把握しようと試み、一九九四年に『近代日本と農村社会』を出版した。また、「コウギロク」に導かれ、二〇〇〇年には、農村と都市の子どもの教育経験を検討した『民衆の教育経験』を刊行した。聞き取りを始めてから二〇年近くがたち、聞き取りは当初の文字史料の補足としてではなく、研究方法にかかわる重要な役割をはたすようになっていた。

「聞く」ということ――ask と listen のあいだ

以上が第一期における私の聞く方法である。私の歴史研究のなかで、聞き取りはたしかに重要な役割をはたすようになったが、のちに述べるように、私の聞き取りは一九九七年に壁にぶつかった。聞き取りが壁にぶつかったのは、主に聞く方法にかかわることだった。ある女性がまったく語ってくれなかったのだ。その壁はまたもう一つの壁を私に思い起こさせた。歴史叙述をめぐる壁である。

一九九七年に壁にぶつかったあと、私は試行錯誤をへて(第二期)、二〇〇三年から岩手県和賀郡和賀町で聞き取りを手探りで再開し(第三期)、現在に至っている。手さぐりで聞き取りを再開してみると、「聞く」ということはどのようなことなのか、正面から考えるようになった。それまで二〇年も聞き取りを続けてきたにもかかわらず、「聞く」ことに正面から向き合ったのは、そのときがはじめてだった。大げさに聞こえるかもしれないが、聞き取りをめぐる私の認識が一八〇度変わったように思えた。

和賀町の聞き取りを通じて、私は、聞くことには二つの側面があると整理するようになった。一つは相手に尋ねることであり、もう一つは耳を傾けることである。英語でいえば前者は ask であり、後者は listen になる。聞き取りでは一般的に聞き手の側に聞きたいことがある。その際には必ず ask があり、ask に促されて語り手が語り始めることが多い。ask は聞き取りという相互行為を成り立たせる大事なきっかけである。ただし、聞き手の ask の内容と語り手が語りたいことが一致するとは限らない。そのような場合に ask だけでは語り手が語りたいことを聞き逃してしまうことになる。語り手の語りに耳をすます listen が必要になる。

落合村までの聞き取りで私が慣れ親しんだ「人生を聞く」方法は ask の側面が強かった。人生の節目にそって聞きたいaskが私の側にあり、私のaskにそって聞き取りを進めることが多かった。askを軸にした「人生を聞く」方法を通じて、私は二つの農民世代を発見することになる。

二つの農民世代は、今でも近代日本の農村社会を理解する重要なカギだと思っているが、和賀町の聞き取りを通じてはじめて「聞く」ということに向き合ってみると、askを軸にしたそれまでの私の聞き取りでは、はたしてaskのあとで語り手の語りに耳を傾けるlistenを十分にしていたのかという思いがわいた。落合村に通っていたころの私は、askの流れにそって聞き取りをすることを急ぐあまり、listenすることが十分でなかったのではないだろうか。

桜林信義さんの場合

現在の私は、このように「語る歴史、聞く歴史」においてlistenすることが重要だと思っている。その観点をふまえて、今回、調査ノートとテープを照合してみたとき、もっとも印象深かったのは、落合村で一九九〇年に話を聞いた桜林信義さんの場合だった(一九一五年生まれ)。当時の私は、「人生を聞く」方法で聞こうとしたはずであったが、ノートを見る限り、話はあちこちに分散している印象が強かった。しかしテープを聞いた印象は大きくちがった。テープのなかの桜林さんは、落ち着いてしゃべり、テーマが移るときも話の流れはスムースだった。

たとえば、戦時中にリヤカーで果樹を甲府に持っていった話のなかで移動手段のオート三輪の話が出ると、そこから時間をさかのぼって、東京で日の丸ストーブに勤めたときにオート三輪の運転を習ったことに移り、ついで日の丸ストーブで働いたあとの徴兵検査におよび、兵役中の名簿に自分の名前が赤字で書かれていたのは、落合村の近隣の小笠原署の特高広瀬が、桜林さんの父親は西落合農民組合長であると通達したからだと話し、次に特高から小学校時代のピオニール（小学生の農民組合組織、後述）の話に移るという具合である。

桜林さんの話は時間や空間を行き来しており、思いつきで話題が移っているように感じるかもしれないが、かれの語る歴史の全体を聞くと、思いつきではなく、あるつながりのなかで話題が移っていることがよくわかった。たとえば、兵役中の名簿、特高広瀬、農民組合長である父親、西落合農民組合、ピオニールと話題が移っているのは、テープの別のところで桜林さんが、「だからねえ、根っからねえ、そういう一つの階級闘争ということを、ね、もの心つくときから眺めているから、私のこんなか（頭のなか）、どっちも天皇なんかこっち行けというのが流れている」と語っていることと大きくかかわっている。桜林さんは、兵役中の名簿に赤字で書かれた自分の名前や、特高広瀬、父親、農民組合、ピオニールといった個々の経験を共通するものとして理解・蓄積し、そのなかで、言うところの「根っから」をつくってきたと考えられる。戦時中のリヤカー、日の丸ストーブ、オート三輪も、働くための運搬車という共通項で結ばれていた。桜林さんは、自らの経験を時間軸にそって整理するのではなく、共通項で結びつけて理解していた。経験の共通項をつくることは桜林さんなりの思考方法だったのであり、生きる技法であったといっていいだろう。

今回テープを聞き終えたとき、私は、桜林さんの人生があるまとまりをもったものとして実感できて、人生をたっぷりと聞いた気がした。人生は時間の流れをまっすぐに歩んでいるように見えるが、実際は常に過去を振り返り、今までの歩みを問い直し、過去と現在を往還しながら歩んでいる。その往還のなかで桜林さんは、自らの経験のなかに共通項を見つけて生きる指針にし、豊かな人生を送っていると思えたのだ。あちこちに移るように見えながらも、相応の理由があった桜林さんの語る歴史は、まさに人生そのものだと感じられた。今を生きる人は過去を振り返る、と同時に、過去の経験に照らし出され、支えられたものとして人生がある、私は桜林さんの語る歴史をそのように受けとめたのである。

ただし、これは間違いなく現時点の私の実感であり、当時そのように思ったのでは決してない。「人生を聞く」ことを意識していた当時の私は、桜林さんの語る歴史を、いったん人生の節目に置き直し、時間の経過にそって理解していたように思う。たとえば、その話を人生の節目にそって整理し直すと、以下のようになる。

桜林さんの生家は貧しい小作農家であり、父の又三さんは落合村西落合農民組合長だった。

桜林さんは高等小学校在学前後の十四、五歳のころに農民組合のピオニールに参加する。ピオニールとは農民運動に参加した小学生たちの組織である。当時、落合村の農民運動に参加した小作青年たちは、桜林さんより八、九歳年上であり、桜林さんはかれらから思想的な影響を受けたり、自宅で開かれた西落合農民組合の会議を見聞したりするなかで、なぜ村の経済に差があるのかを考えるようになった。高等小学校卒業後、一八歳まで自宅で農業にとりくんだ桜林さんは、家計を助けるために行商に出たがうまくいかず、東京の親戚に寄寓してようやく日の丸ストーブに勤めることができた。徴兵検査後に二年間の兵役を終え、東京十条の砲兵工廠《こうしょう》に勤めたのち、一九三八年、二三歳のときに同じ砲兵工廠に勤める女性と結婚し、二人で毎月一〇〇円の収入を得た。収入の半分を生家に送っても生活はよかった。一九三九年、ノモンハン事件で召集されて満州に向かい、一九四〇年に解除されて帰郷したのちは、再び農業に従事し、戦時中は桑畑を果樹に転換したりした。

以上が人生の節目に置き換えた桜林さんの語る歴史である。当時の私は、語る歴史をこのように時間の経過に置き直して理解していたはずである。これも含めれば、桜林信義さんの「語る歴史、聞く歴史」には四つの位相があるといえる。桜林さんの語った歴史、それを書きとめた調査ノート、人生の節目に置き換えて理解していた一九九〇年当時の私の聞く歴史、話があちこちに移っているように見えて、桜林さんの語る歴史にあるまとまりを実感できた現在の私の聞く歴史の四つである。同じ桜林さんの語る歴史であっても、一九九〇年当時の私と現在の私では、聞き方が大きく異なる。一九九〇年の私はaskに傾注していたのに対して、現在の私はlistenしようとしている。聞き手はaskに意識を集めているのか、listenに集中しているのかで、語る歴史の聞き方が大きく異なってくるのである。

本書の第1章から第3章をふまえて、一九九〇年当時の私の聞く歴史と現在の私の聞く歴史を対比してみると、語り手の語りにlistenすることを心がけている現在の私の聞く歴史は、語り手が「語りたく伝えたく思って」いることの「核心に耳をすま」そうとした森崎和江や、聞く歴史を通じて、語り手が生きた歴史のなかに語り手を「蘇生させ」ようとした古庄ゆき子、あるいは沖縄戦の鮮烈な経験と語り方は密接に関連しており、できるだけそれを整序しないようにした宮城聰と重なるところがあるように思われる。あるいはまた、桜林信義さんの語る歴史のように、古庄が聞いた全オモニの語る歴史も一見するとあちこちに散乱しており、全オモニや桜林さんのような語る歴史をどのように聞くのかは、聞く歴史にとって試金石のように思われる。

壁にぶつかった私の聞く歴史

山梨県落合村の調査を通じて順調に進んでいると思っていた私の聞く歴史は、前述のように、一九九七年に大きな壁にぶつかった。壁は二つあった。一つ目の壁は、一九九七年、落合村のある女性の聞き取りが思うようにいかず、それまで経験したことがないほど、語り手がなかなか語ってくれなくなってしまったことである。この経験を機に、私は試行錯誤のなかで自分の聞く歴史の方法を見直すことになる。もう一つの壁は、聞き取りを用いた私の歴史叙述にかかわっていた。

一つ目の壁から述べてみたい。落合村の調査で話を聞いた人の多くは男性であり、女性は農民運動にかかわった人だけだった。私には、農民運動や婦人会などにも関係せずに農家で生きてきた女性から話を聞くことが課題として残されているように思えた。そのとき、落合村で何度もうかがっていた新津《にいつ》とき子さんのお宅のことを思い出した。新津とき子さんは、調査の過程で偶然に会った方だった。とき子さんのお父さんである新津隆さんは、先に日記を紹介した方であり、戦前に農民運動に参加し、戦後は落合村役場の助役までつとめて、役場史料の保存に尽力した人だった。私は、調査のたびにとき子さんを通じて村内の多くの人を紹介してもらった。多くの人から聞き取りができたのは、とき子さんのおかげだった。

落合村の調査のとき、隆さんはすでに亡くなっていたが、お連れ合いのくによさんはお元気だった。くによさんは、農民運動や婦人会にかかわらなかった農家の女性であり、私はとき子さんのお宅でたびたび会っていたくによさんから話が聞けるように、とき子さんを通じて頼んでみた。だが、くによさんは、「話すことはないよ」と言って、なかなか応じてくれず、聞く場が実現するまでに時間を要し、一九九七年にようやく話を聞くことができた。

くによさんは一九一〇年に、落合村の隣の中巨摩郡増穂《ますほ》町(現富士川町)にある長沢家に生まれた。長沢家は、農業と繭《まゆ》の仲買いを兼ねていた。この当時の農家は、現金収入を得るために、蚕を飼って繭をつくる養蚕を兼ねていることが多く、長沢家はその繭を商人に売る仲買いをしていた。くによさんの父親は子どもの教育に熱心だったが、その対応は男女で異なっていた。六人きょうだいのうちの男子四人はみな甲府商業学校に進学したのに対して、女子はみな外に出され、高等小学校を三番の成績で卒業したくによさんも、信州や近隣の製糸工場に働きに出された。

その後、くによさんは一九三四年、二四歳のときに、父の友人の奥さんの紹介で新津隆さんと結婚した。隆さんは、一九三二年、生活のために役場の雇いになっていた。結婚当時、落合村の農民運動はすでに退潮していたが、くによさんからすれば落合村は「おっかない所、真っ赤」であり、「よくまァこんなところ。でもどこにも行くところがない」ので、結婚後、隆さんに、「運動だけはしないでくれと頼んだ」という。結婚当時、新津家には祖母と父母、それに隆さんがいた。別の文字史料も合わせれば、このころの新津家は、普通畑と桑畑の農地と養蚕、鶏卵、役場雇いの収入で生計を立てていた。

くによさんは、幼いときの情景を思い出したときには言葉がはずんだものの、結婚後のことになるとうって変わって口が重くなり、なかなか語ってくれなくなった。沈黙が長く続き、耐えきれなくなった私がまた聞くが、それでも語ってもらえない。そのくりかえしのなかで、ぽつり、ぽつりと少しだけ出てきた言葉を合わせてみれば、隆さんの役場勤めの陰で負ったくによさんの苦労は並大抵でなく、役場の給料の少なさ、舅姑の存在、そして戦後になれば隆さんの公職追放が加わり（戦時中に翼賛壮年団長を担ったことで公職追放になった。翼賛壮年団は、戦争協力のための全国民的組織である大政翼賛会を支えるために、地域でつくられた団体）、農作業と養蚕、家事の負担はくによさんの肩に重くのしかかったように感じられた。それでも義父母については少し話してくれたものの、隆さんについてはほとんど話さなかった。結婚後の生活を尋ねる私の質問は空回りして、くによさんの語る歴史を十分に聞くことができなかった。

なぜ語ってもらうことができなかったのか

くによさんになぜ語ってもらうことができなかったのか。いろいろな要因が考えられるが、集約すれば次の二つになると思う。「人生を聞く」方法と、女性・ジェンダーをめぐる点である。

私は、落合村の聞き取りで慣れてきた「人生を聞く」方法で、人から話を聞くことが比較的にできていると思っていた。同じ方法でくによさんに聞いたところ、子どものころのことは語ってくれたが、結婚後のことになるとほとんど語ってくれなくなった。先述のように、くによさんは聞き取りをなかなか了承してくれず、その際に「話すことなどないから」とたびたび言われた。あとから思えば、この言葉は、農民運動や新津隆さん、落合村の歴史を調べている私に対しては、話すべきことをもっていないというシグナルだったのではないか。くによさんは役職や運動にかかわることのない女性だった。結婚後のくによさんの節目は、男性と異なり、出産や子育てだったはずだが、当時の私はそのことを十分理解せずに、男性の聞き取りで身につけた「人生を聞く」方法でくによさんの聞き取りに臨もうとした。くによさんの沈黙は、「人生を聞く」方法とかかわっていたのではないか、一九九七年に壁にぶつかったあとで、私がもっとも痛切に感じたのはこの点であった。

現在の私は、「人生を聞く」方法をくによさんの聞く歴史に適用させたことだけでなく、この方法そのものにひそむ問題点を感じている。聞き手の側が「人生を聞く」という ask を強くもちすぎると、たとえば、桜林信義さんのような語りの理解を妨げることになってしまうのではないか。語る歴史を聞いたあとで、いったん時間の経過に置き直すことがあってもいいだろう。ただし、「人生を聞く」方法は、最初から時間の経過(人生の節目)にそって話を聞こうとするために、語り手の側が語りたいことを制約してしまったり、語ったことを聞き逃したりすることになりかねない。「人生を聞く」方法は、語り手が「伝えたく思って」いることの「核心に耳をすます」聞き方や(森崎和江)、語り手が生きた歴史のなかに語り手を「蘇生させ」ようとする聞き方(古庄ゆき子)とは、異なる聞き方だと言わざるをえないだろう。

くによさんに語ってもらえなかった二つ目は、女性やジェンダーにかかわることであり、ここには多様な論点が含まれる。そもそも私が男性の大学教員であったことが、くによさんが語りにくかった一因だったのかもしれない。

くによさんと隆さんの関係はどうだったのだろうか。この点を考える手がかりは限られていたが、隆さんには、一九二二年から一九四七年までの日記が残されていた。文字を残すことのある男性に対して、文字を残すことの少ない女性の聞き取りがあらためて必要な所以であるが、聞き取りの壁にぶつかったあと、二人の関係を考えるために、隆さんの日記とくによさんの聞く歴史を照らし合わせてみた(大門「聞こえてきた声、そして「聞きえなかった声」」、大門「昭和初期　山梨の女性たち」)。日記には、大別して、役場での仕事、農作業・養蚕・家事の手伝い、家族・子どもの関係、自分の時間の四つが書かれていた。日記の記述全体を追えば、役場行政に生きがいを見出そうとし、農作業や養蚕の繁忙期には手伝いながら、子どもの誕生と成長を見守り、家族の病気を案じる姿があり、ただし戦時体制の推移のなかで子ども・家族の記述が見られなくなることがわかった。

日記を読んで印象的だったのは、家族・子どもの記述が多いことであり、なかでも、第一子であるとき子さんの誕生から言葉や行動にあらわれた成長を喜び、病気を案じる記述が多い。また家族の病気を心配する記述も目にとまる。その一方で、日記に書かれていないことにも注意して読むと、日々の農作業や養蚕へのとりくみ（段取りや雇人・製糸工場などとのつきあいなど）の記載はなく、祖母・父母の存在と世話、衣食・育児などの家事の領域についても書かれていない。日記に書かれていないことは、いずれもくによさんが担ったことであり、家族の記述にも差があり、日記に頻繁に登場するとき子さんと記述の少ないくによさんは対照的だった。くによさんの聞き取りにはとき子さんが同席していた。父である隆さんに可愛がられた記憶の強いとき子さんを前にして、くによさんは隆さんについて語りにくい面があったのかもしれない。このように、隆さんの日記とくによさんの聞き取りを照らし合わせてみると、二人の関心やまなざし、分担は容易に交わらず、非対称的な印象が強い。このこともまた、くによさんの沈黙の底流にあったことなのかもしれない。

この当時、長野県温村から始めた私の聞き取りは、くによさんでちょうど二〇年がたっていた。長年にわたり聞き取りを続けてきたにもかかわらず、私はここではじめて、「聞く」とはいったいどういうことなのか、女性に聞くにはどのようにしたらいいのか、という問いに遭遇することになったのである。

歴史叙述の困難

くによさんの聞く歴史が壁にぶつかったあとで、よみがえってきた記憶があった。それは、私が聞き取りを対象にしてはじめてとりくんだ歴史叙述をめぐる記憶であり、これが二つ目の壁であった。

私が聞き取りを対象にした歴史叙述をはじめて試みたのは、山梨県落合村調査の過程の一九八九年のことである。落合村の農民運動には、若い男性だけでなく女性たちの姿も多く、戦前の農民運動には珍しい若い女性の出現の歴史的意味を探ることが課題としてあり、論文にまとめた。

調査の過程で、落合村の湯沢集落にできた湯沢農民組合の婦人部長として、当時、若い女性たちの中心的存在だった海野《うんの》はる子さんがお元気なことがわかった。遠方に住む海野さんに落合村(当時は甲西町)に来ていただいて農民運動のころの話を聞いたり、海野さんが一〇代のころ製糸女工として働いた埼玉県川越市で待ち合わせ、製糸工場の跡や休日に海野さんが散歩した川越大師を一緒に訪れて、当時の記憶をたどるように話を聞いたりした。海野さんの語る歴史がひろがり、彼女が農民運動に参加したきっかけがわかってきた。私は、海野さんの語る歴史と海野さんの文字史料を組み合わせて、「小作争議のなかの娘たち――山梨・落合争議」という文章にまとめた。聞き取りを用いたはじめての論文だった。

論文が雑誌に掲載され、海野さんに送ったあと、たまたまご自宅の近くに出かける機会があり、寄らせていただいた。来意を告げる私に応対されたのは海野さんの娘さんだった。娘さんは、海野さんを呼びにいく前に、私に、「母を随分とよく書いてくれましたね」と言われた。「よく」というのはいいニュアンスではない。不意の言葉は、やや棘のあるきつい言い方だった。娘さんの不意の言葉に私はとまどい、釈然としなかったが、そのことを聞き返すことはできず、いつの間にか忘れてしまった。その後、記憶の底に沈んでいた海野さんの娘さんの言葉がよみがえってきた。それは、新津くによさんの聞き取りが壁にぶつかったあとのことだった。

海野さんに送った私の論文は、落合争議に参加した若い女性たちの外的条件と内的条件の両方を解き明かそうとするものだった。それまで、落合争議に参加した若い女性たちについては、男性の青年たちの呼びかけに応えて参加したというように、外からの働きかけを強調する考えが主流だった。私は海野さんの語る歴史から農民運動に参加した内的条件を考えた。たとえば、高等小学校に通いたかったものの、それが許されなかった海野さんにとって、川越での講義録の勉強が向学心をいやし、自己への信頼を取り戻す大切なきっかけになったことや、製糸工場での長時間労働と川越大師の夏祭りで見た「物貰いの人」が、社会の矛盾と小学校教育で習ったこととのギャップに気づく重要な機会になったことなどは、その後、海野さんが農民組合の婦人部長になる大事な内的条件のように思われ、内的条件と外的条件を含めて論文をまとめた。

海野さんの娘さんの言葉がよみがえり、あらためて私自身の聞く歴史に向き合うなかで、私には海野さんの娘さんの言葉がようやく理解できたように思えた。海野さんは、多大な苦労をしていた。しかし、苦労をしたことを叙述することと、それを苦労克服物語として叙述することとは意味が異なる。幼いときに貧しい農家にもらわれ、出稼ぎ女工先でも講義録で勉強し、帰村後は若くして女性たちのリーダーになった海野はる子さんを、私は苦労を克服して活躍せんとする筆致で描いてしまったのではないか。苦労克服物語には、必要以上に当人を称賛するニュアンスをともなってしまう。海野さんの娘さんは、私の筆致にそのニュアンスを感じとり、不満を覚えたのではないだろうか。

聞き取りが壁にぶつかり、海野さんの娘さんの言葉がよみがえるなかで、私は、あらためて「人生を聞く」という方法にひそむ問題点について考えるようになった。この聞き取り方法は、人生の節目にそって社会的経験を聞くので、語り手自身が苦労の克服にそいながら話したり、聞き手が語り手の人生を苦労の克服と結びつけて理解したりする傾向を含んでしまう。そのことを十分に自覚していなかったために、私の筆致は苦労克服物語に傾いてしまったのではないのか。

「人生を聞く」方法は、時間の経過にそって話を聞き、語り手を時間の経過のなかで叙述することになる。第3章でいえば、山崎朋子が最終的にライフヒストリーに置き換えて「おサキさんの話」をまとめていたが、私の「人生を聞く」の場合には、聞く歴史の段階から時間の経過にそっていた。「人生を聞く」方法は、聞く歴史としても歴史叙述としても難点があったといわざるをえないだろう。

聞き取りをふまえた歴史叙述は難しく、聞く方法と叙述は密接にかかわっている。二つの壁をどのように乗り越えたらいいのか。くによさんの聞き取りとよみがえってきた娘さんの言葉は、その後、苦い経験として長いこと私のなかで残響することになった。

第5章　聞き取りを歴史叙述にいかす

二つの課題を受けとめる——聞く歴史と歴史叙述

一九九〇年代に入るころから、私が歴史に向き合ううえで、「語る歴史、聞く歴史」は、すでに重要な位置をしめていたが、前章で述べたように私の「語る歴史、聞く歴史」は、九〇年代後半に二つの壁にぶつかっていた。聞く歴史の方法と、それをふまえた歴史の叙述についてである。壁にぶつかって数年がすぎるなかで、私は壁にぶつかった意味を自分なりに考えるようになった。なぜ壁にぶつかったのかは、少しずつ理解できるようになったが、どのようにすれば新たにとりくむことができるのか、新しい方法はなかなか見えなかった。しかも二つの壁は相互にからまり合っていた。

二つの壁のなかでも、まずは聞く歴史にとりくみ、新たな道を見出す必要があった。私は結局、十分な見通しをもてないままに、岩手県和賀町（現北上市）で聞き取りを再開することになるのだが、再開したころの私に対する印象について、話を聞かせてもらうことになったうちの一人の小原《おばら》麗子《れいこ》さんが、のちに次のように書きとめている。「大門さんは静かに聞いておられます」（小原「あとがき」二〇一二年）。

これは、小原さんとはじめて会った二〇〇三年のときの私の様子である。私としては、新しい方法を見出すことができないままに聞く歴史にとりくむことになったので、少なくとも「人生を聞く」ような、想定した人生の節目を私の方から聞くことはせずに聞く、という以外にやり方がなかった。それが小原さんからすれば、「静かに聞いて」いると映ったのであろう。静かに聞く以外に術がなかったのだが、でもこの聞き方が私に新しい道を開いてくれたように思う。

もう一つの壁である「語る歴史、聞く歴史」を叙述することも、私にとってとりくむべき課題だった。私は、歴史的な事象について、歴史の時代に位置づける歴史叙述を行うことでその意味を明らかにすることができると考えていた。「語る歴史、聞く歴史」の意味を明らかにするためには、記録をとるだけでなく、歴史叙述で応えるという方法があるのではないか。ただし、「人生を聞く」方法で語る歴史を聞き、それをふまえて叙述をすると苦労克服物語になってしまう。また、「語る歴史、聞く歴史」は、今を生きる語り手と聞き手が過去の経験をめぐって応答するものであり、それをふまえるとき、どのような叙述がありうるのであろうか。この点についても私は、十分な見通しをもっていなかったが、どうにか挑戦をしたいと思っていた。

二〇〇〇年をこえるころから、私はあらためて農村女性の調査にとりくみたく思うようになっていた。農村の歴史を通して、大正デモクラシーから戦時体制に至る推移や、教育経験について検討してきたが、日常の生活や生業を、とくに農村女性とのかかわりで考えることが大事なことして残っているように思えた。

今回は、農村女性自身が書いた文字史料と聞き取りを重ねようと思い、調査を進めると、戦後の岩手県では、農家の女性たちの生活記録が盛んであることがわかった。盛岡市に通い、岩手県立図書館で県下の女性たちの生活記録文集に接したり、岩手県国民健康保険団体連合会で同会の機関誌『岩手の保健』に掲載された女性たちの生活記録を読んだりした。そこから、史料に導かれて県下のいくつかの地域を訪ね、和賀町に行き着くことになる。それ以来、現在にまで至る和賀町での調査が始まった。

第3章でふれたように、戦後に和賀町で社会教育主事をつとめた小原徳志さんは、女性たちの生活記録や戦争体験に関する「語る歴史、聞く歴史」を重ねて、『石ころに語る母たち——農村婦人の戦争体験』(一九六四年)にまとめていた。小原さんは幸いにもお元気で、和賀町の女性たちの生活記録を調べたいという私の希望を受けとめ、二〇〇三年八月、戦後の和賀町で生活記録にとりくんでいた五名の女性を集めてくれた。五名のなかに小原昭《おばらてる》さん、高橋フサさん、小原麗子さんがいた。高橋フサさんは、本書の第1章で紹介した人であり、フサさんが小さいころに祖母から、官軍が雪を踏みしめて進むのをギュッ、ギュッという音をまじえて聞いたと私に話してくれた人である。二〇〇三年以後、和賀町に出かけるときは、必ず小原昭さんと高橋フサさんからそれぞれ話を聞いた。小原麗子さんは、生活記録や詩など戦後に書いたものが多くあったので、まずはそれらを探して整理し、読むことにした。

沈黙という言葉——ask から listen へ

話を聞いたうちの小原昭さんは、一九二七年、岩手県和賀郡藤根村（現北上市）の開拓農家に生まれ、一九三六年、九歳のとき、父母と一緒に満州のホロンバイル開拓組合に移住し、戦後はきわめて厳しい条件のなかで引き揚げ、和賀町で戦後開拓に従事した人である。

私は、昭さんの語る歴史を聞きたく思ったが、新津くによさんの聞き取りが壁にぶつかり、「人生を聞く」方法に疑問を感じて以来、それに代わる方法をまだ見出せない状態だった。手さぐりで聞き取りを再開することになり、昭さんには満州の開拓組合に移住したころのことを話してほしいと伝えたあとは、どうなるか自分でも判然としないまま、聞く歴史に臨むことになった。

和賀町での聞き取りでは、二〇〇五年ごろまでテープに記録していたので、昭さんについてのテープとノート、手紙が残されている。テープのなかの私の聞き方を確認すれば、私は徹底して聞き役にまわっている。昭さんの語る歴史に寄り添いながら、話題が移ればその話題に耳を傾けている。「あー」とか「えー」とかの合いの手を入れ、昭さんが語ったことを確認することはあっても、私の方から質問をしたり、話題を変えたりすることはほとんどなかった。次にご自宅にうかがった際に、前回聞いたのと同じ話を聞くことも少なくなかった。そのときも私は耳をすまし、同じ語る歴史でも何度でも聞き、何でも聞くようにした。私の側に聞きたかったことがなかったわけではない。昭さんの話は何度も戦時中の満州開拓と引き揚げにもどったので、和賀町に帰村後の戦後開拓の話を聞きたく思っていた。でもそのことを私から無理に聞くことはしなかった。

昭さんに何度でも聞いているうちに、私はしだいに「聞く」ということに大事な意味があるのではないかと思うようになった。私から質問せずに、聞き役に徹してみると、今まで以上に、語り手の語る歴史に耳をすますことができるようになった。振り返ってみれば、それまでの私は、いつも、人生の節目を聞くための質問や、私が聞きたいことを携えて聞く歴史に臨んでいた。そんなとき、「コウギロク」のように、不意に語られたことに反応できたこともあったが、私の関心に合わなかったので語り手の肝心な話を聞き逃してしまったり、私が用意していた別の質問に移っていったりしたことがあった。聞く歴史への臨み方しだいで、語る歴史の理解も変わってくることにようやく気づいたのである。本書でいえば、第4章で紹介をした、山梨県落合村の桜林信義さんの二つの聞く歴史の相違によく示されているだろう。

そのころ、昭さんの聞き取りで印象的なことがあった。話に耳を傾けているなかで、語り手の沈黙にも意味があるのではないかと思うようになったことである。二〇〇五年八月、私は戦後の開拓について話を聞きたく思っていたが、話は満州の開拓と引き揚げにもどってしまった。昭さんの自宅の机の上には、『岩手日報』の切抜きが置いてあった。戦後六〇年のシリーズとして掲載された昭さんの満州時代と引き揚げに関するインタビュー記事である。記事と写真について私がふれたとき、昭さんは、「でもね、そんときはあんまり話さなかったんだよ」と言った。それから思案しているような沈黙の時間が流れた。しばらくのち、昭さんは堰《せき》を切ったように満州での中国人との関係や軍人のこと、満州からの引き揚げについて話し始めた。

昭さんが沈黙したとき、もし私が落合村のときのように「人生を聞く」方法で聞いていたならば、沈黙を気にすることもなく、私から何かを尋ねていたように思う。実際に私は、落合村では新津くによさんの沈黙を前にして問いを重ねてしまった。だが和賀町では聞くことにつとめようとしていたので、自分から聞くことはせずに昭さんの言葉をじっと待った。

沈黙を破り、昭さんが満州時代について話し始めたとき、その話は以前にも聞いたのにという思いもあった。だが、話を聞いているうちに、昭さんは新聞のインタビューで話せなかったことが心残りであり、いま一番重要だと思っている満州時代と引き揚げについて伝えようとしているのではないかと思うようになった。昭さんの沈黙はまた、つらい話を私が受けとめてくれるかどうかのためらいだったようにも思えた。私が昭さんのところに通い、話を聞き続けてきたことも昭さんが話してくれた理由の一つではないかと思った。間合いをとりながら、私は昭さんの声に耳を傾けた。

沈黙にはさまざまな思いがあるだろう。話の内容の整理や逡巡、決断のあとに、沈黙を破る声が出てくる。聞き取りで語り手が沈黙すると、私はできるだけ呼吸を合わせ、語り手が話し始めるのを待つようになった。聞くということには、相手に尋ねるaskと相手の話に耳をすますlistenの二つがあることを理解したのは、このころのことだった。

人が話すということは、話し方や表情、身振り、手振り、沈黙、感情などの身体的行為と一体であり、和賀町で話に耳を傾けるなかで、それに気づくことができた。声に耳を傾けるということは、身体的行為を含めてまるごと受けとめることにほかならない。ここに人と人が対面する「語る歴史、聞く歴史」の特徴があるのだろう。私は男性なので、女性の聞き手と同じように、女性の語り手に寄り添うことはできないかもしれない。しかし、「人生を聞く」方法の際には、視野に入ることがなかった身体的行為や感情も含めて、和賀町の聞く歴史ではようやく受けとめることができるようになった。相当に時間を要してしまったが、森崎和江や古庄ゆき子が向き合ったような、耳をすます、語り手の感情も含めて受けとめるということを、私も和賀町でようやく行うようになっていたのだと思う。

和賀町での聞き取りを通じて、聞き取りは、あらためて次の三つの過程に整理できた。聞き手が語り手に ask する過程がまずあり、ついで沈黙を含めて listen する過程があり、その後に語り手の話を聞き手が受けとめる take の過程がある。聞き取りは、このように、ask, listen, take の三つの過程をくりかえすものなのだと思う。

聞き手が ask する過程だけが聞き取りなのではない。ask のあとに listen が必要であり、さらに ask と listen を受けとめる take が欠かせなかった。聞き取りとは、このように語り手と聞き手の応答の過程なのであり、聞き手が語り手の話を深く listen する必要があるように、語り手も聞き手の ask に規定される面があった。同じように今を生きる語り手と聞き手が対面しつつ、双方向で応答する過程をくりかえしながら認識を深めようとするもの、これが聞き取りにほかならないことを、私は和賀町の聞き取りを通じて学んだのである。

listen から聞こえてきたこと

和賀町に出かけるときは、必ず小原昭さんと高橋フサさんからそれぞれ話を聞いた。しだいに耳をすまして聞くことができるようになると、それまで聞こえていなかったことが聞こえてきた。二人の語る歴史は、しばしば戦前・戦時にもどるのである。これは開拓団の話に必ずもどる昭さんだけでなく、フサさんの場合も同様であった。フサさんは戦時中に学徒勤労動員の経験があり、語る歴史がそこにもどるのである。

もう一つ聞こえてきたことがある。昭さんもフサさんも、自分たちの戦時・戦後が大きなふるまいのもとにあったと語ったことである。昭さんは、満蒙開拓団における軍隊との接点や、逃避行における暴力についてであり、フサさんの場合は、家の権限をもっていた祖父の強いふるまいについてである。二人は、ここにアクセントをおいて語っており、私はこのことがとても重要だと思って聞いた。

今度は、フサさんの「語る歴史、聞く歴史」をたどってみたい。一九二七年に生まれたフサさんは、高等女学校在学中の一九四四年、学徒勤労動員で宮城県の火薬工場で働いた経験をもっている。語る歴史のなかでフサさんは、勤労動員の経験を次のように話している。同級生と一緒にとりくんだ勤労動員は大事な経験であり、今でも同級生とつきあいがある。また、教育はとても大事だが、戦前の教育は教育勅語が中心であり、戦後になると軍国主義を導いた教育は恐ろしく感じて、教育をどう進めるかが大事だと思うようになった。

勤労動員における不自由な寄宿舎生活と厳しい工場労働を、フサさんは、家族と親しい同級生の支えでどうにか乗り切った。フサさんと家族の交信の手紙が残っており、とくに父とのやりとりは印象深い。父は娘を叱咤激励するとともに、さらに努力や修養の考えをといた。日本近世・近代の研究者であった安丸良夫は、幕末維新期から近代にかけての日本では、勤勉や修養、努力といった生活実践が広く人びとのもとでとりくまれていたことから、それらを通俗道徳的実践と名づけて、近代日本の民衆思想に位置づけた。この通俗道徳的実践は、戦時期にも継続している面があり、フサさんは、家族・友人に加え、この通俗道徳的実践に支えられて勤労動員を乗り切ることができたのである。

同級生と一緒にとりくんだ勤労動員について、フサさんが大事な経験だといったのは、共通体験を大切に思う気持ちと、通俗道徳的な生活実践を戦後も続けてきたからであろう。それでは戦時中の教育への批判はどのように生まれたのか。

戦後のフサさんにとって、重要な課題があった。それは、家と地域における女性の地位を改善することである。たとえば、フサさんの父は婿であり、家の実権は祖父が握っていた。一九四九年、祖父はフサさんをあととりにするべく、婿と結婚の日取りを勝手に決めてきた。父の気苦労を目の当たりにしてきたフサさんにとって、婿を迎えることは気の進まない話であり、何よりも勝手に決めてきた祖父の強いふるまいに違和感をいだいた。とはいえ祖父にさからうことはできないと思ったフサさんは、結婚式を前に髪の毛を短く切り、髷《まげ》を結えないようにして無言の抵抗をした。当時は農家に嫁いだ嫁の地位が大変に低く、こうしたなかでフサさんは、一九五五年、近隣の若い嫁や家娘(フサさんのような婿をもらう女性)一一名により、生活改良のためのグループをつくった(後藤農研会婦人部、通称「バッケの会」。バッケとは「ふきのとう」のこと)。既存の婦人会とは異なる小さな女性グループを地域に誕生させたのである。その後、隣の農家に嫁いだ妹が、雨中の農作業で妊娠中の体調を悪化させ、医者を呼んでもらえないまま、一九五八年に亡くなった。このことを含め、フサさんはバッケの会を通じて若い女性たちとの仲間意識を醸成させ、農家の女性の地位向上にとりくんだ（バッケの会については、大門「いのちを守る農村婦人運動」二〇一三年参照）。

フサさんは静かに語る人である。心臓に持病をもっており、ときに横になることもあったので、なおさらそのように感じたのだと思う。ただし、静かな話し方のなかに、時折、強い思いを感じることがあった。婿を勝手に決めてきた祖父の話や、若くして亡くなった妹の話をするときである。静かな話し方は通俗道徳的実践を続け、家族やバッケの会を支えた姿に通じるところがあったのに対して、強い思いは、祖父の強いふるまいに抗して髪の毛を切ったり、女性グループであるバッケの会をついに誕生させたりした姿に重なる。

戦時の勤労動員は、厳しい労働を強いる反面で、女性たちの参加意識を高め、共通体験をともなうフサさんの生活実践を、戦後に継続させる面があった。ただし、戦後のフサさんは、強いふるまいにそのまま従うのではなく、家や同調的な意識の強い農村で、若い女性たちによる自主的なとりくみをスタートさせた。このスタートは、戦時から戦後のフサさんにとって、とても大きな決断だったと受けとめた。教育勅語を中心にした戦前の教育のあり方についてフサさんが批判するようになった背景には、強いふるまいにそのまま従わない決断をしたことがあったように思う。

試される聞き手——被害の委譲

高橋フサさんから聞こえてきた二つの点、つまり話が勤労動員にもどることと、祖父の強いふるまいとのかかわりについて、以上のように理解できるとすれば、昭さんの二つの点はどうだったのか。昭さんから聞いた満蒙開拓団と引き揚げ過程の話をたどってみたい。

ホロンバイル開拓組合は、元軍人と農民がつくったものでそもそも経営が難しく、極寒での機械化大農法や、砂漠に連なる草原での放牧など、困難をきわめた。軍人や軍人の子どもは、農民や農民の子どもを見下しており、中国人にも理不尽な仕打ちをくりかえした。昭さんはそのことをよく覚えていた。軍人の子どもに見下され、開拓組合のなかで弱い立場にあった昭さんは、自然と周囲の中国人や白系ロシア人と接するようになったからであり、中国人が昭さんを支えてくれたからであった。

ホロンバイルで軍人たちの強いふるまいに翻弄された昭さんは、敗戦から一九四六年秋に博多港につくまでの一年余りの引き揚げ過程で、食料と衣類不足による病気、ソ連兵や国民党軍などの暴行・略奪・強姦の恐怖にさらされた。昭さんの語る歴史のなかで、聞き手である私が試される場面に出会った。引き揚げ過程で女性を要求するソ連兵に対して、昭さんたちは日本人会をつくり、「商売」の日本人女性に頼んで「犠牲」になってもらったという話を聞いたからである。

日本人会で相談してね、その子がやられた後よ、これ以上もうあの、女の子ね、犠牲になったら大変だって、あの商売してる人達にお金あげたんでしょ。日本人会が。そいで本当に助けられたけどもね、「私はもうこれで死んでもいいから、あの日本のために戦います」って言って、がんばってくれたの。本当に大変だった。

生存のぎりぎりの淵で性の危険に追い込まれたとき、「商売」の女性たちに抑圧と犠牲が委譲された。抑圧と犠牲の委譲とは、人びとに強い抑圧が加えられたとき、人びとのなかからその抑圧を別の人や一部の人に負わせ、犠牲を強いることをいう。このときの昭さんたちの行動は、まさに抑圧と犠牲の委譲にほかならない。

listenすることで、私はようやく昭さんの語る歴史に向き合い、沈黙や表情、感情も含めて受けとめようとしていたところだった。ただし、昭さんから「商売」の女性に頼んだという話を聞いたとき、私は息をのみ、「なぜ「商売」の女性に頼んだのですか」と聞き返すことができなかった。

昭さんは、ホロンバイルでは軍人の強いふるまいを嫌い、中国人たちと親しく接していた。だが、性の危険をめぐっては、「商売」の女性たちに抑圧と犠牲の委譲を行った。その背後には、性をめぐる「商売」の女性と「一般」の女性のダブルスタンダードがあったのだろうか。のちにこの場面を叙述したとき、「聞き取りという方法」は、「話者の経験に感情移入して寄り添いがち」であり、「「甘さ」につながることはないだろうか」(倉地克直)、「研究者としては甘さがあるとの指摘を受けても仕方があるまい」(高嶋信)と批判を受けることになった。批判はあたっているのかもしれないと思う。今の自分であれば、このような場面で聞き返すだろうか、あるいは、当時の私は、聞くことに専念していたので、聞き返すことは難しかったのではないかとも思う。listenすることで聞くことができた経験、しかしその場で聞き返せなかった私。この聞き取りにどうやって応えるのか、聞き取りをした聞き手の私が試されることになったのである。

歴史のなかに「語る歴史、聞く歴史」を置き直す

「語る歴史、聞く歴史」の叙述にとりくむ機会が新たに訪れた。和賀町での聞き取りを始めて少しすぎたころ、小学館が『全集　日本の歴史』を発刊することになり、一九三〇年から一九五五年を対象にした巻の通史を私が執筆することになった。通史とは、区分された時代の全体像を何らかの方法で描くものであり、私が通史を執筆するのははじめてのことだった。ちょうど和賀町で、小原昭さんや高橋フサさん、小原麗子さんの聞き取りを進めており、『全集

日本の歴史』で担当する時代は、和賀町の女性たちが生きた時代と重なる。私は和賀町の女性たちを含めて通史を描けないかと考えた。

「語る歴史、聞く歴史」を歴史叙述に用いる難しさについては、すでに「小作争議のなかの娘たち」を通じて味わっており、苦労克服物語の叙述にしないことが肝要だった。そのうえで、「語る歴史、聞く歴史」を叙述する場合には、まず「聞く」ということへの留意が大事だと思われた。「聞く」ことを含めて、どのように叙述するのか、私はそのことを考え始めた。

それに加えて今回は通史であった。聞き取りを通史的な叙述に用いた歴史書がなかったわけではない。中村政則『労働者と農民』(一九七六年)は、労働者と農民の歴史叙述にあたり、聞き書きを活用した先駆的な例である(後述参照)。

私は、私なりの二つの観点から通史と「語る歴史、聞く歴史」のかかわりを考えようとした。一つ目は、通史と「語る歴史、聞く歴史」の相互関係についてである。仮に、既存の「日本の歴史」に個人の歴史をあてはめて、それを通史とするのであれば、通史に個人の歴史を叙述する意味はない。それでは、個人の歴史はあくまでも既存の歴史を説明する手段になってしまうからである。あるいはまた個人の歴史を積み重ねるだけでも通史にはならない。私は、昭さんやフサさんをはじめとした人びとの「語る歴史、聞く歴史」の側から通史について考え、その一方で一九三〇年代から一九五五年に至る大きな歴史の側から通史について考え、両者の歴史をつき合わせるなかでこの時代の通史を構想できないかと考えた。

その際に、listen する聞き方をふまえた通史の叙述はありえないかということも考えた。これが二つ目である。先に述べたように、和賀町に何度も通い、語る歴史に耳を傾けるなかで、女性たちが語る歴史は戦前・戦時の時代にくりかえしもどることを実感した。昭さんとフサさんに加えて、一九三五年に生まれた小原麗子さんも同様だった。麗子さんの姉は、嫁ぎ先で病気になり、戦時中に国と夫に詫びて自死した。戦後の麗子さんは、姉がなぜ国と夫に詫びて死ななくてはならなかったのかを、くりかえし問うた人だった。これらの世代の人たちにとっては、現在に至るまで、戦前・戦時はくりかえしもどるべき時代としてあることが語る歴史から聞こえてきた。

昭さんを通史のなかに位置づける場合、引き揚げ過程における被害の委譲を歴史のなかにどのような経験として位置づけるのかという課題があった。被害の委譲について、今の時点で過去の行動を裁断し、批判することは簡単だが、それですべてが解決するわけではない。引き揚げには、敗戦直前に男子兵力動員を進め、敗戦後の現地の日本人に対して、「居留民はできる限り現地に定着させる方針」を継続した日本政府の責任があり、さらにソ連・アメリカ・中国の思惑が複雑にからんでいた。それに加えて日本社会には、結婚関係と性の売買春を区別する性の二重基準や、強い態度に従うふるまいが広く横たわっていた。ただし、これらを叙述しても、なお外在的な指摘にとどまってしまうように思えた。どのように叙述すれば「語る歴史、聞く歴史」に応えたことになるのか。

私は昭さんの語る歴史に耳を傾けるなかで、昭さんにとっての苦難とは何だったのかを考え続けた。その苦難には、引き揚げ過程だけでなく、満蒙開拓時代には、慣れない地域で親元を離れた小学校生活や厳しい自然条件、軍人と軍人の子どもの横暴なふるまいに悩んだ経験があり、戦後の和賀町ではじめてとりくんだ開拓農業と生活の厳しい経験があり、さらに戦後になると顧みられず敬遠されて封印された満州経験が含まれていたのではないか。二重三重に折り重なった抑圧のなかに被害の委譲が含まれていたのであり、さらに満州の記憶全体が激しい圧力で封印されたのである。くりかえしもどるべき戦前・戦時は、それぞれの人の戦前・戦時・戦後の経験のなかでつながり合っており、反芻されたり、問い直されたりしているのではないか。となれば、昭さんの引き揚げ過程でおきたことは、戦前・戦時・戦後の昭さんの経験のなかに位置づける必要があるのではないか。この点は、フサさんも同様であった。

戦前・戦時・戦後の関連を考えるうえで、女性たちの語る歴史からは、一九五〇年代がもう一つの大事なポイントであることが聞こえてきた。一九五〇年代の和賀町には、戦前以来のふるまいの延長として祖父が勝手に婿を決めるような関係を乗り越えるために、農村女性だけの生活改良グループをつくった高橋フサさんがいた。小原麗子さんは、中学卒業後、沼津市に出て魚ひらき屋の女中になったあと、年来の望みであった生活を書く時間と場所を確保するために一九五五年に帰郷し、実家の農業を手伝いながら生活記録にとりくんだ。またニューギニアで戦死した息子の記憶を地域にとどめるために、息子ひとりの墓をつくった高橋セキさんもいた。こうしたなかで昭さんは、一九五〇年代に戦後開拓の生活記録にとりくみ始め、一九六〇年代に入ると、わずかな時間と飼料用の袋を使って、自らの満州経験の封印を解くために満州経験を書き始めた。

これらはそれぞれに小さな行為のように見えるかもしれない。しかし、一人ひとりのなかでは思い切った決断があったのであり、それらの決断は、戦前・戦時・戦後の経験のなかできわめて重要なものに思えた。昭さんをはじめとした「語る歴史、聞く歴史」に寄り添い、listenすることで気づくことのできた決断である。そして一九五〇年代にあらわれた、自ら記録にとりくみ、しがらみを断ち、強いふるまいに同調しないつながりをつくることこそ、封印を解いてさらに被害の委譲を断ち切る第一歩ではないかと思えた。右のことはまた、非日常世界に見える戦時期の出来事は日常世界とのかかわりで検証しなくてはならないことを示している。私は、語る歴史から聞こえてきた戦争経験を、とくに戦後のくらしの足もとで検証しようとした。

語る歴史に耳をすますなかから、戦前・戦時・戦後の時間のつながりを感じることができたのと同様に、戦前・戦時・戦後の空間のつながりも実感できた。昭さんに見られたように、戦前から戦時の移動と戦争の時代は東アジア大にひろがっており、フサさんも麗子さんも家族のだれかが東アジア大の戦争にかかわっていた。そして、昭さんの戦争は、戦後になっても容易に終わらず、高橋セキさんがニューギニアで戦死した息子の墓を戦後に建てたように、東アジア大の移動と戦争は、人びとの戦後の経験に大きな影を落としていた。「語る歴史、聞く歴史」からは、東アジア大の規模で一九三〇〜五五年の時代を考える必要が実感されてきた。

「語る歴史、聞く歴史」をふまえた通史の構想

他方で私は、大きな歴史の側から一九三〇〜五五年を考え、「語る歴史、聞く歴史」とのつながりを考えようとした。

恐慌、戦争、占領が続き、大日本帝国の膨張・崩壊からアメリカの東アジア支配に至る二五年間は、生存が厳しく問われた時代だった。恐慌や戦争で人びとの生存が厳しくなると、生活（生存）が政治課題になり、戦争は国民生活の確保と結びつけられ、満州の権益擁護や大東亜共栄圏の確立を声高に主張する政治家があらわれた。戦後になると占領下の改革を通じて、憲法や新しい制度が整備され、農業や労働、保健衛生などの諸政策が実施された。

生存をめぐる時代の大きな変転のなかで、人びとは総力戦に大きく巻き込まれるとともに、戦争を自ら担う人たちを登場させる。とくに下層の人びとや女性、子どもの参加体験が膨大に

つくり出されたこと、これが恐慌と総力戦の時代の特徴だ。生活(生存)の保障を唱える政治家と国家は総力戦を推進し、生活の安定を求める人びとは戦争に大きく巻き込まれながら国家と戦争を支えた。生存を保障すべき国家によって軽視された内外の膨大な人びとの生存。そこに横たわる日本の総力戦。戦後の占領のもとで、人びとの生存を維持する諸政策が実施されたが、この時期に戦時中の厳しい生存の状況が明るみに出されたのかといえば、決してそうではなかった。戦争における生存の意味が問い直されるようになったのは、ようやく一九五〇年代に入ってからのことだった。

大きな歴史と「語る歴史、聞く歴史」のつながりから見えてきたことは、生活にかかわろうとしたのは国家だけではなく、戦争や占領に巻き込まれた人びとは、なんらかのかたちでそれを受けとめてとらえ返そうとしたこと、あるいは、人びとが国家に生活保障や生存の仕組みの転換を促し、国家がそれに応じる、その相互交渉の歴史のなかで時代はつくられてきたことである。この時代の通史の理解にとって重要なことは、生存のための相互交渉の歴史の視座をもつことではないか。

『戦争と戦後を生きる』での挑戦

『全集　日本の歴史』の編集会議は二〇〇五年五月に始まった。いま、会議で提出したレジユメを確認すると、本の骨格がほぼ固まったのは二〇〇六年九月の会議、本のタイトルが決まったのは二〇〇七年九月であり、本は『全集　日本の歴史　十五　戦争と戦後を生きる』として二〇〇九年に発刊された。

一九三〇年から一九五五年の通史の執筆にあたり、私は人びとの歴史と移動の視点から、東アジア大に拡大したこの時代の歴史像を描く構想を立てた。二〇〇六年九月のレジュメには、発刊された本に結実した五人を選んでいる。五人とは、高橋千三、後藤貞子、黄永祚《ファンヨンジョ》、陳真と小原昭だった。私は、日本の通史の叙述のなかで、昭さんの聞き取りに応えようとした。

歴史叙述を通して「語る歴史、聞く歴史」に応えようとしたことをあらためて整理しておきたい。

まず、「語る歴史、聞く歴史」をまじえた歴史叙述についてである。私は昭さんの話を全体として受けとめて叙述しようとした。ここでの全体とは、「人生を聞く」方法によって組み立てたライフヒストリーとしての全体ではなく、沈黙やくりかえしを含めて、昭さんから聞いた話の全体である。そのうえで昭さんの戦前経験・戦争経験・戦後経験の意味連関を時代とのかかわりのなかで考えようとした。

次に、歴史叙述における「語る歴史、聞く歴史」の位置づけをどうするかを考えた。たとえば私は、聞き手である私の受けとめ方を含めて叙述をした。聞き手である私を登場させることになれば、叙述は、過去と現在、語り手と聞き手を行きつ戻りつすることになり、いきおい複雑になる面があった。過去の事象を過去の時間のなかだけで叙述すれば、その方が理解しやすかったのかもしれないが、現に語り手はくりかえし過去に戻った。歴史は時間の経過にそって整理できる面をもちながら、人びとのなかではたえず過去を振り返るかたちで現在がある。語り手と聞き手の相互行為を叙述しながら通史を描くことには困難もあったが、私には歴史叙述の新しい可能性があるように思えた。

「語る歴史、聞く歴史」の側から通史的叙述をとらえ直すことも留意したことである。私は「語る歴史、聞く歴史」を既存の通史的叙述にあてはめるのではなく、「語る歴史、聞く歴史」をまじえた歴史叙述を通じて通史的認識をとらえ直そうとした。聞き取りの叙述を通して国家と人びとの双方がかかわる生存の歴史を描き、国家と人びとの相互交渉をへて生存の仕組みがつくられる過程を軸にして通史を組み立てようとした。

『全集　日本の歴史　十五　戦争と戦後を生きる』では、第一章から第七章までを、「大恐慌と満州事変」「大日本帝国としての日本」「総力戦の時代」「アジア・太平洋のなかの日本の戦争」「戦争の終わり方と東アジア」「占領と戦後の出発」「戦後社会をつくる」というように、時間と空間の変遷で大きく区切りながら、そのなかで現在と過去を往還する「語る歴史、聞く歴史」を叙述した。最終章では、戦時中の問題は戦後の平時のくらしの足もとで検証される必要があるとして、一九五〇年代におけるフサさんや昭さんたちの行為の根っこにあるものを「足もとを照らす思想」と呼び、「足もとを照らす思想」を含めて国家と人びとによる相互交渉を検討した。語り手と聞き手の相互行為としての聞き取りを叙述しながら、生存をめぐる相互交渉の歴史として通史を描く、それが同書にこめたことであった。

通史への反応

「語る歴史、聞く歴史」をまじえて通史を構想した同書に対して、三人の感想を紹介してみよう。一人目は、日本農業の歴史を研究する野田公夫。野田は、同書のオーラル・ヒストリーは文字史料の欠落を補うためだけでなく、「話者の体験の奥底から時代の意味を問い直す深さと重さ」があるとして、オーラル・ヒストリーで、「人びとの生にとって最も重かったものを引き揚げ顕在化させることを通じて、時代の質を明らかに」しているという(「人びとを主人公にした現代史」の試みをめぐって」二〇一〇年)。

二人目は『岩手日報』の記者である黒田大介。同書発刊後に私が和賀町にお礼にうかがった際に同行した黒田は、小原昭さんが語った言葉を、「(大門さんは)肝心のところを書いてくれた。これ(本)があるから私があるんだなあ。ただただ、うれしい」と書きとめ、この本を、昭さんの「小さな歴史」と、「大日本帝国の膨張・崩壊から戦後に至る「大きな歴史」」との「出会い」と位置づけた(「近現代史研究の新地平」二〇〇九年)。そのうえで「本書の意義」は、「人々の生と歴史、過去と現在は結び付いているという「開かれた歴史」への気づきを促す」ことにあり、「歴史を受け継ぐとは、まだ解決しない問いを次代に受け継ぐということでもある」と述べた。

三人目は、沖縄から台湾に渡った人のオーラル・ヒストリーを研究する冨永悠介。冨永は、同書における生存の視点に賛意を表したのちに、「通史として執筆された事情が関係していると思われる」が、人びとの「経験が半ば予定調和的に時代に差し戻されて語られている印象が否めない」、「人びとの経験は定常的に語れるものではないだろう」と指摘する(「宮城菊と鄭用錫の出会い」二〇一四年)。

同書の評価は読者に委ねられている。ここで三人の感想を紹介したのは、聞き取りを歴史叙述に含める困難と可能性について言及したかったからである。

同書では、生存の仕組みの相互交渉を軸に通史を描こうとしたが、歴史叙述、とくに通史の叙述のなかに「語る歴史、聞く歴史」を含める場合には、時代の叙述が優先されて経験は従属的に描かれてしまう危険性があり、その克服への自覚をいっそうもたなくてはならない。と同時に、このような困難をともないつつも、「語る歴史、聞く歴史」を通じた歴史叙述からは、単に文字史料の欠落を補うだけではなく、人びとの生にとってもっとも重かったものとのかかわりで時代の特質を明らかにできる可能性がある（昭さんでいえば、二重三重の抑圧と被害の委譲、記憶の封印がそれにあたる）。さらに、「語る歴史、聞く歴史」を含めた歴史叙述からは、黒田大介がいうように、歴史は人びとと無縁なところでそびえ立っているのではなく、人びとの生と歴史、過去と現在は結びついているという「開かれた歴史」への気づきを促す可能性がひろがる。それはまた、解決しない歴史の問いを次代に受け継ぐことでもある。

戦後の学問と「語る歴史、聞く歴史」

ところで、戦後には学問の世界でも聞き取りを叙述に組み込む試みが始まっていた。第2章の表3にもどっていただきたい（五〇頁）。聞き取りが学問の世界でとりくまれる画期として、一九七〇〜八〇年代をあげることができる。一九七〇年代後半から八〇年代初めにかけて、異なる分野で聞き書きにとりくんだ本が四冊刊行された。歴史学（中村政則『労働者と農民』一九七六年）、社会学（中野卓『口述の生活史』一九七七年）、文化人類学（川田順造『無文字社会の歴史』一九七六年）と、表2に掲載した政治史（岸信介・矢次一夫・伊藤隆『岸信介の回想』一九八一年）の四冊である。

中村政則は、『労働者と農民』の執筆当初、聞き書きについて、「あまり信用していませんでした」が（「鼎談　底辺史研究への提言」一九七六年）、最終的には、文献とつき合わせて事実を確定することで活用への道をひらき、聞き書きを多く用いて一冊をまとめた。この本は、「歴史発展の法則」と「人間の主体的営為の力」の相互関係を追究したものであり、聞き書きを活用したのは、主体的営為にかかわって、「いままでだれからも注目されず、歴史の忘却のかなたに放逐されていた無名の人々を、歴史の舞台にひきだし、その人たち自身のことばによって、民衆の歴史の豊かな可能性を語ってもら」うためだった。

同じころ中野卓は、聞き書きにもとづいてある女性のライフヒストリーを叙述し、『口述の生活史』として刊行した。テープレコーダーをできるだけ忠実に再現した同書については、桜井厚が委曲をつくしており、桜井は、「個人」の「オーラリティ」に注目したところに同書の特質を見出した（「『口述の生活史』はいかにして成立したか」二〇一三年）。この本についてはもう一つ、時系列で編集して客観性を確保しようとしていることも留意すべきことである。

以上の二冊は、異なるスタイルをとっていたものの、文献と照合したり、時系列に編集したりすることで、客観性を得ようとしている点で共通性をもっていた。文字史料や事実が重視される学問状況のなかで、それらの点に留意しつつ聞き書きの活用をはかっていたといっていいだろう。二冊の刊行後、歴史学でも社会学でも、すぐに聞き書きへの関心が高まったわけではなかったが、中村の本は、歴史叙述として聞き書きを活用する道を開き、中野の本は、オーラリティそのものへの関心を喚起することになった。その意味で二冊の本は、歴史学と社会学のそれぞれの分野で、聞き書きをめぐる議論を呼び起こすスタート地点をつくった本であった。

同じころ、文化人類学者である川田順造の本も発刊された。アフリカの無文字社会でのフィールドワークをもとに、無文字社会の側から文字と文明の密接な関係を照射した川田の本は、文字によって歴史や人間を認識してきたすべての人に大きな衝撃を与えた。この本では、口頭伝承に強い光があてられ、口頭伝承を介して声や語る、聞くといったことの歴史的な意味が考察されるなかで、無文字社会にも歴史があることが指摘されている。「語る歴史、聞く歴史」が歴史のなかでどのように受けとめられてきたのかを考えるうえで、欠かせない本である。四冊目として、矢次一夫と伊藤隆による「岸信介元首相連続インタビュー」が『中央公論』一九七九年九月号から始まり、連載終了後、『岸信介の回想』として発刊された。政治家のインタビューを本にまとめる嚆矢《こうし》である。

一九八〇年代に入ると、歴史学の分野では、聞き取りにもとづく吉沢南『私たちの中のアジアの戦争』(一九八六年)、フィールドワークによる清水透『エル・チチョンの怒り』(一九八八年)などが発刊された。

以上のなかから、歴史叙述に聞き書きを活用することを意識的に追究した最初の本として中村の『労働者と農民』を選び、ついで、聞き取りの意味を認めて聞く歴史という新たな方法を模索し、文字史料中心のそれまでの学問の世界と葛藤しつつ、叙述にとりくんだ過程が刻まれている著作として、吉沢の『私たちの中のアジアの戦争』をとりあげる。聞き取りが学問の世界でまだ定位置を認められていなかった時代の二人の試みを検討しておきたい。

中村政則『労働者と農民』

『労働者と農民』発刊後、中村政則は、日本の通史の一冊として同書を執筆した過程を振り返っている。当初、労働者や農民の労働と生活の実態を描こうとしたものの、「既成の枠にとらわれて、筆が先にすすまな」かった。そこで一から考え直し、一〇年近くにわたって各地の農村を訪ね歩くなかで収集した膨大な一次史料や調査ノート、聞き取りテープをもとに叙述すれば「ユニーク」な内容になるかもしれないと思ったところ、執筆がスムースに進んだと述べている(中村「「文庫版」再刊にあたって」一九九〇年)。

同書発刊の一九七〇年代半ばは、民衆に視点を合わせた民衆史や底辺史に注目が集まったころだった。中村の本に先立ち、勤勉や節約などの通俗道徳的実践に日本の民衆思想を見出した安丸良夫の研究や、民衆の原風景を追体験する必要性を強調した色川大吉の武相困民党研究などがあった。それに対して同書は、前述のように、「歴史発展の法則」と「人間の主体的営為の力」の相互関係を検討したものであり、二者択一ではない歴史の具体的な過程を描くことに注力し、とくに「主体的営為」の叙述に尽力した。そこで選ばれたのが、長年とりくんできた聞き書きの活用であった。

当時は、史料の信憑性において文字史料が圧倒的に優勢な時代であり、そのもとで聞き書きを通史の叙述に用いたのは、相当に思い切ったことだったにちがいない。のちに中村は、聞き書きの第一の目的は「記録をつくる」ことにあり、聞き取りには信憑性の問題が残るので、文字史料の「補完」として検証が必要であり(「シンポジウム　オーラル・ヒストリー」一九八七年)、聞き取りで感動的な場面に出会っても、「そのときの感動や情感をストレートに叙述することは極力さけた」と述べている(中村『日本近代と民衆』一九八四年)。このような留意をふまえたうえであったとしても、『労働者と農民』でまず特筆すべきことは、聞き書きを通史に用いたということである。

聞き書きを用いたところ、執筆がスムースに進んだと中村は述べている。聞き書きを歴史叙述に活用する際に、中村がもっとも関心を注いだのは、語り手の「歴史や人生」が「日本近代史の展開」にとってもつ意味を明らかにすることだった(『日本近代と民衆』)。「人間の主体的営為」は「歴史発展の法則」に対してどういう意味があったのかを具体的に追究することであり、語り手の人生の歴史的意味を考察し、語り手を歴史に位置づけることに最大の関心を寄せていた。中村が追究した「主体的営為」は、「決断と飛躍」における「主体的契機」であり、「意図と結果の乖離」、「民衆運動における敗北のなかの勝利」だった。

なかでも、決断と飛躍における主体的契機は、動かない民衆から動く民衆へと人びとが転換する重要なきっかけであった。中村は、民衆が社会運動の指導者などに成長する契機として、主体的条件が成熟しているときに進歩的思想にふれることを重視し、それを「火花《スパーク》」と呼んだ。火花《スパーク》は聞き書きを活用した主体的契機の評価の重要なキーワードだった。『労働者と農民』の聞き書きで重要な役割を与えられている高井としをは、一九一〇年代に吉野作造の文章の載ったビラを読み、火花《スパーク》によってその後、社会運動の担い手に大きく変わった代表的人物とされている。

ただし、『労働者と農民』を再読すると、高井の火花《スパーク》をめぐっては、なお検討すべき点が残されていたように思われる。高井は、戦前・戦後の社会運動にかかわり、夫婦生活も含めて、半世紀にわたる運動と苦労を生きた人だった。吉野のビラの話を高井から聞いた中村は、その話には吉野の言葉だけでなく、「むしろ五〇年にわたる闘いと、深い人生経験を積んできた高井としをその人の思想や考え」が、「多くふくまれているとみるべきであろう」と述べている。中村のいうとおりであろう。ただし、そうであれば、高井の語る歴史には、高井の長い人生経験が反映していたと考えるべきであり、吉野のビラの話についても長い人生経験の影響を検証する必要があったように思われる。信憑性の検証だけでなく、今を生きる人間が語った過去の位置づけを検討する課題である。

高井の火花《スパーク》とかかわって、高井が自分自身について語った内容も興味深い。高井は、自分は小学校にも行っておらず、人よりも「劣った者」で「ひがんだ根性」があり、「仕事でも投げやり」だったと述べている。吉野の文章を知った高井は一念発起し、工場では模範工女をめざして一生懸命働き、休憩中も機械をぴかぴかに磨き、生活は徹底して節約し、日曜日には図書館で本を読んだり、買ってきた本を寄宿舎の消灯後に廊下の裸電球の下で読んだりした。吉野のビラに刺激を受けた高井は、劣等感や明治以降の社会のなかでつくられた優勝劣敗意識を克服するために、二つの方法で対処したように見える。一つは勤勉や節約などの通俗道徳的実践であり、この実践を通じた模範工女の実現抜きに劣等感の克服は難しかったように思う。もう一つが、新しい知識の獲得を通じた視野の拡大や考え方の革新である。高井の火花《スパーク》については、外からの知識人の役割だけでなく、高井の内在的な検討がもう少し必要だったように思われる。

吉沢南の場合——難民との衝撃の出会い

高井としをについての論点は、中村政則の聞き方にかかわることだったと思うが、残念ながら中村はそのことにふれていない。それに対して、吉沢南『私たちの中のアジアの戦争』では、自らの聞き取りの方法について思索を重ねている。吉沢の著作をめぐり、まずは、吉沢が聞き取りと接点をもつようになった機会について述べてみよう。

中国史・ベトナム史を研究していた吉沢南は、ベトナム現代史の研究のために、一九七八年から一九八〇年の二年間ハノイに滞在した。その間の一九七九年四月、吉沢は、ベトナムのランソンとドーソンを訪れた。吉沢の訪問に先立つ二月中旬、中国軍がベトナムに侵攻し、ランソンの街は中国軍によって徹底的に破壊しつくされた。瓦礫の街を案内してもらった吉沢は、街のなかのある建物にかつて日本軍の司令部があったことを教えられる。

ランソンの瓦礫の街の「光景と日本軍のランソン攻撃とが二重映しになってしまった」吉沢は（吉沢『戦争拡大の構図』一九八六年）、帰国後の一九八〇年から図書館などをまわり、ベトナムにおける日本軍について文献史料の調査・研究を始めた。文献研究は吉沢の慣れ親しんだ歴史学の研究方法だった。一九八三年末、吉沢はある研究会で調査研究の成果として、ハノイにおける日本軍（西原機関）の報告をした。その研究会の参加者が西原機関の関係者を紹介してくれたことをきっかけに、吉沢ははじめて聞き取りにとりくむことになる。聞き取りを重ねるうちに、吉沢は、しだいに責任ある地位にいた人ではなく、文字史料を残すことがほとんどなかった無名の日本人に関心を寄せるようになった。

聞き取りへの向き合い方を決定づけたのは林文荘さんとの出会いであった。戦前、ベトナムで日本が行った黄麻強制栽培では現地指導員として台湾人が動員されていた。その一人が長崎にいて難民関係の施設で通訳をしていることを知った吉沢は、聞き取りをするために長崎に向かった。それが林文荘さんだった。

「ベトナムからいつ引揚げられたのか」という吉沢の質問に対して、林さんは「昭和五四年(一九七九年)五月七日、ハイフォンから難民船で香港に出国しました」と答えた(吉沢『私たちの中のアジアの戦争』、以下の引用も同断)。この返答が吉沢に衝撃をもたらした。一九七九年五月といえば、吉沢がちょうどハノイに滞在していたときだったからである。

ベトナム現代史の研究のためにハノイに滞在していた吉沢は、ベトナム戦争後に、時々刻々と進行する華人(華僑)の大量出国やベトナム軍のカンボジア進駐、中国軍のベトナム侵攻などについて、東京大学出版会の雑誌『UP』に「ハノイで考える」という連載を書き送っていた。林さんに会い、吉沢が衝撃を受けたのは、ベトナム現代史を専攻してハノイに滞在し、右のような文章を書いていたそのときに、戦時中の日本によってベトナムに動員された台湾人が同じハノイに在住し、その人びとが難民船で出国していたことを吉沢がまったく想定していなかったことである。吉沢は、「事件の背後に隠れていた日本の存在」(傍点—原文)にまったく気づかずに、華人・華僑問題やベトナム・中国関係について論じていたのである。

衝撃を受けた吉沢は、それまでの研究すべてについて再検討を迫られていると感じ、一九八四年九月、それまで勤めていた東京都立大学を辞職し、「大学の研究室と図書館」を飛び出して、聞き取りを含めた新たな研究にとりくむことにした。林さんとの衝撃の出会いからしばらくたった一九八六年、吉沢は次のように述べている。「私は歴史研究者の一人として反省せざるをえないが、日本の戦後の歴史学は、「日本人」の民衆レベルの戦争体験を、研究の対象として真面目に位置付けてこなかったように思われる」。

聞き取りにおける「資料批判」

研究室を飛び出した吉沢は、「日本人」の民衆レベルの戦争体験を研究するために、慣れ親しんだ文献史料と、さらに聞き取りの二つの方法で研究を進めた。なぜ吉沢は聞き取りに関心をもったのか。それは聞き取りそのものが吉沢を聞き取りの世界へと導いたからだといえるだろう。

聞き取りと文献史料には共通の面がある。いずれも聞き手(読み手)の側がどのように聞くのか(読むのか)ということに任されており、聞き手(読み手)の感度が鈍ければ聞き逃して(読み飛ばして)しまうからだ。林文荘さんの話を「衝撃」として受けとめる感度があったればこそ、吉沢は聞き取りの世界へと導かれていったのである。

だが、吉沢が導かれた聞き取りの世界には、文献史料の世界と明らかに異なる面があった。たとえば吉沢は、聞き取りについても文献史料と同様にその内容を「資料」ととらえ、「資料批判」を行おうとした。吉沢は「事実」と「資料」を区別し、聞き取りの内容は「事実」そのものではなく、一つの「資料」であり、「資料」に対しては「資料批判」が欠かせないと考えた。ただし、同じ「資料」でも、聞き取りと文献史料には決定的な相違があった。それは、聞き取りの相手は生きた人間だったことである。吉沢は、聞き取りの史料を「生きた資料」(傍点—原文)と呼んで相手が生きた人間であることを認め、その固有性をふまえてどのように聞くのかに腐心した。「生きた資料」と対峙するところに聞き取りの「真髄」があり、そこにまた聞き取りの「難しさ」があると吉沢は述べている。吉沢は聞き取りに対して文献史料と異なる固有の意味を認め、本格的にとりくむことにしたのである。

来意を告げて語り手の人生の歴史を聞くことから吉沢の聞き取りが始まる。聞き取りにあたり、吉沢は「討論」と「沈黙」に留意した。語り手の話を聞くだけではなく、語り手の感想や価値観に「疑問」を投げかけたり、自分の感想や評価を「対置」させたりする「討論」を行うことがあった。「討論」は、先に述べた「資料批判」と密接にかかわっていた。ある人の話を「資料批判」するためには、聞き手が話の内容=史料を読み込む必要がある。聞き取りでは、「生きた資料」である語りに聞き手が積極的に応答することで「資料批判」がはじめて成り立つ。この方法には聞き取りそのものを成り立たなくさせる危険性があったが、両者の「討論」によってより緊密な信頼関係がつくり出される可能性もあった。

他方で吉沢は語られなかったことについて、語り手の「沈黙」を大切にしたこともあったという。「討論」と「沈黙」の境目がどこにあるのか、吉沢は明瞭に語っていないが、語り手が沈黙していることや忘れようとしていると思われることについては留意して「討論」せずにそのままにしたり、文章にしなかったりした場合があった。

『私たちの中のアジアの戦争』の叙述方法

一九八六年、吉沢は聞き取りの成果を、『私たちの中のアジアの戦争』として刊行した（以下、『私たち』と略記）。『私たち』は、聞き取りの場面や経緯などをまじえて、ベトナムにおける日本軍の戦争にかかわった四人の人生を描いたものである。西原機関で電信係をしていた立花さん、台南製麻の会計係だった河合さん、大南公司の農業指導員だった林文荘さん、そしてハイフォンの憲兵だった高田さんの四人である。聞き取りから歴史叙述に向かうに際して、吉沢は三つのことに留意している。聞き取りをふまえた叙述の工夫、叙述の受けとめ方、全体史の構想である。

第一の聞き取りをふまえた歴史叙述について吉沢は、「討論」を通じて吉沢が得た「確信」と「情報」を吉沢自身の「言葉として記録」したものであり、「討論」にこめられた吉沢の「歴史観と論理」で語り手の「人生と歴史を再構成」したものだと述べている。

ところで、自分の「歴史観と論理」で語り手の「人生と歴史を再構成」という言い方を聞くと、あらかじめ吉沢に備わっている「歴史観」で語り手の人生を描いたように聞こえるかもしれない。たしかに語り手との「討論」では、吉沢が自らの「歴史観」にもとづいて「激論」する場面があるが、『私たち』の読後感としては、吉沢が語り手に話しかける場面だけでなく、むしろ語り手の話を受けとめ、考え、反芻して自らの認識を更新していこうとする過程が強く印象に残る。とくに林文荘さんの人生を叙述した個所は、林さんの人生を描いたものであるとともに、吉沢の認識の反芻・更新の過程にもなっている。

林さんについての文章の最後に、「「日本人」・「中国人」・「台湾人」、そして難民」の小見出しがあり、戦後の林さんの人生が国への帰属とかかわらせてたどられている。戦前に「日本人」にさせられ、種々の理由で戦後、ベトナムに残ることになった林さんは、一九五四年と五九年、ベトナム在留日本人に訪れた日本引き揚げの機会に、「日本に帰る」決意をしたものの、「日本人でない」(傍点─原文)という理由で日本政府に拒否された。林さんは国外に出る希望を一貫して持ち続けたものの、戦後のベトナムは台湾政府と国交がなく、中国の文化大革命が収束に向かった一九六八年、中国大使館に中国籍の申請をしても返事がなかった。ベトナム戦争終結後、ハノイに日本大使館が開設されたときには、「日本人」としての帰国を申請したが、確実な返事がないなかでインドシナ情勢が変転し、一九七九年、林さんには「難民」として出国する以外の方法がなくなり、「難民」を選んだのである。

林さんの人生の記述は、林さんについて描いたものであるとともに、その行間からは、吉沢が林さんの語りを受けとめ、反芻する雰囲気が強くにじみ出ている。吉沢は、「語る歴史、聞く歴史」の〈現場〉と向き合い、「討論」し、「沈黙」の意味を考え、自らの認識を反芻・更新しようとしていたといっていいだろう。『私たち』の「あとがき」で吉沢は、四人の方々は自分にとって「教師」であり、「研究仲間」でもあったと述懐している。話しかけたり問いかけたりする存在であるとともに、学ぶ存在でもあった語り手。この述懐は『私たち』に対する私の読後感とも合っているし、ここに吉沢の聞き取りの実際がよく示されていると思う。そして吉沢は、後述するように、この反芻・更新から「日本人」について再考し、アジアと日本の戦争と戦後をとらえ直す新たな研究にとりくんでいくことになるのである。

第二の叙述の受けとめ方にかかわって、吉沢はこの本の「文章はあくまでも私のもの」だと言っていることに言及しておきたい。吉沢の言い方に接すると、古庄ゆき子が、「オモニのうた」は、「オモニの語ったままでなく、私なりに整理したもの」であることを指摘したことを思い出す。二人は同様のことを指摘しているといっていい。古庄は、全オモニの語りを時系列に編集せず、全オモニの生きた歴史のなかに位置づけようとしたが、そのような叙述であることを含めて、叙述は自分自身が選びとったものであることを自覚していた。それと同様に、吉沢もまた叙述は自分が選びとったものであることに自覚的だった。

吉沢は聞き取りをテープレコーダーに録音したのは一回だけであり、それ以外は聞き取りをしながら筆記した。録音の「忠実な復元」は、「話し手を尊重しているように見えるが」、それは、「話を一つの出来上がった素材として扱い、作品として定着させているにすぎない」。それに対して吉沢は、語りに対して「資料批判」を行い、自分の「歴史観と論理」をふまえて反芻・更新しながら語り手の「人生を再構成」した。この本の「文章はあくまでも私」のものであるが、それは「生きた資料」と格闘した結果であり、その過程が見えるかたちで叙述しているところに『私たち』の特徴があった。

第三に、聞き取りを通じた全体史の構想についても、聞き取りが一段落したあとに思索をめぐらせている。「個人の体験をどのように束ねていけば、個人の特殊性を突き抜けて層の体験にまとめあげることができるのか、また時代の相として凝集できるのか、そこまでいけば、個人の体験の聴取りもその時代の社会の構造的把握の一部となるであろう、そしてそうならなければ、私のこの作業も方法論的には完成に近づかない」。先に紹介したように、『私たち』を通じて吉沢は、「『日本人』の民衆レベルの戦争体験」の検討の必要性を自覚するが、それは、「個人の特殊性」を突き抜けた「層の体験」をいかに考えるのかといった課題と結びついていたはずである。当時の吉沢は、聞き取りと文献史料を区別し、別々の手法で一つの対象に迫り、ある程度の成果をあげた段階で「現代史研究の方法の問題」を再検討したいとも考えていたので、まずは聞き取りから「層の体験」を考え、ついで「凝集」した「時代の相」を検討することが大きな課題だったといっていいだろう。

その意味でいえば、『私たち』は「中間的な報告」であったが、この本には、聞き取りの方法、文字史料と聞き取りの関係、歴史叙述の方法など、現代史研究者の作業過程が洗いざらい叙述されている。要するに『私たち』は、聞き取りによって戦争体験にかかわる人生を描いたものであり、聞き取りを通じた歴史研究の方法を考察したものであり、聞き取りによる叙述を試みたものにほかならなかったのである。

オーラル・ヒストリーの検討へ

一九八〇年代後半に歴史学の学会である歴史学研究会の委員であった吉沢は、その学会を舞台にしてオーラル・ヒストリーの検討を積極的に提起した。その記録が三つ残されている。「〈特集〉オーラル・ヒストリー」(『歴史学研究』一九八七年)と、歴史学研究会編の『オーラル・ヒストリーと体験史――本多勝一の仕事をめぐって』、『事実の検証とオーラル・ヒストリー――澤地久枝の仕事をめぐって』の二冊の本である(いずれも一九八八年)。

当時の日本では、オーラル・ヒストリーという言葉がしだいに知られるようになってきた段階であり、歴史学で本格的に検討されるのは、吉沢のとりくみがはじめてだった。吉沢は、中村政則の研究成果に学び、メキシコにおけるフィールドワークでインディオの聞き取りをしていた清水透、イギリスのオーラル・ヒストリーのとりくみに明るい松村高夫、中村政則らを招いた座談会を開催している。ここから、一九八〇年代後半におけるオーラル・ヒストリーの受けとめ方を知ることができる。

右の記録を読むと、一九八〇年代には、歴史研究で文字史料を重視する考え方が支配的であり、聞き取りについては史料の信憑性が問題にされ、聞き取りは文字史料の「補完」と位置づける研究者が多かったことがわかる。先に言及した中村政則も特集のなかで「補完」と位置づけた一人だった。

そのなかで『私たち』執筆後の吉沢は、聞き取りと文字史料を「同列」に利用することには禁欲的であったが、史料の信憑性や史料批判の必要性は聞き取りと文字史料の両方にいえることであり、聞き取りだけが信憑性やバイアスを問われるのではないと述べ、聞き取りに「独自の意味」を認めていた(吉沢「あとがきにかえて」一九八八年)。当時としてはまれな認識であったが、『私たち』に至る過程を検証してきた本書であれば、吉沢の認識がよくわかるだろう。吉沢は、「生きた資料」である語り手に意見を言うだけでなく、語り手の話を受けとめ、反芻して自らの歴史観を問い直そうとしていた。語り手との相互関係から開かれる世界は、文献史料による世界と異なるものであり、そこに聞き取りの「独自の意味」があった。聞き取りの「独自の意味」を一九八〇年代にこれだけ掘り下げていた歴史研究者は少なかった。

「語る歴史、聞く歴史」をふまえた歴史叙述の試み

二〇〇九年に私が執筆した『戦争と戦後を生きる』に、さかのぼって中村政則『労働者と農民』(一九七六年)と吉沢南『私たちの中のアジアの戦争』(一九八六年)を加え、「語る歴史、聞く歴史」を歴史叙述にいかす試みを検証してきた。

『労働者と農民』は、聞き書きを歴史叙述にいかす道を日本の歴史学に開き、ついでこの課題は『私たち』が引き継いだ。『私たち』発刊後の吉沢は、オーラル・ヒストリーを検討するのに続き、大東亜共栄圏の研究、ベトナムの戦時と戦後の関連追究、戦後のアジアと日本のかかわりの理解、「日本人」についての考察など、精力的に研究範囲をひろげた(大門「オーラル・ヒストリーの実践と同時代史研究への挑戦」二〇〇七年など)。吉沢南は二〇〇三年に亡くなったので、聞き取りをふまえた新たな研究は途絶えることになったが、吉沢の問題提起は、ポスト・コロニアル論や国民国家論とかかわって一九九〇年代以降の日本の歴史学で提起されるようになったものを先どりした面があった。

吉沢はなぜ先どりして問題提起をすることができたのか。それは、吉沢が聞き取りに正面からとりくみ、自らの学問の方法を問い直したことと深くかかわっている。たとえば、『私たち』

に登場する四人の人生は、日本の敗戦で終わらなかったので、聞き取りを通じて吉沢は敗戦をまたいで四人の人生を聞くことになった。四人はまたアジア大の範囲で移動をしたので、聞き取りによる吉沢の視界にはアジアが広く入ってきた。吉沢はそれまでの自分の時間と空間の歴史感覚を問い直し、更新しながら聞き取りに臨んだにちがいない。それは吉沢に限ったことでなく、古庄ゆき子が二人のオモニに聞いたときもそうだったと思うし、私が小原昭さんに聞いたときもそうであった。

文献史料を用いた歴史研究では、先行研究から学ぶことが重要であるのと同じように、聞き取りでも先達の経験から学ぶことができるが、しかし聞き取りの語り手は「生きた資料」であるために、具体的な人との格闘や試行錯誤をともなわざるをえない。それは林文荘さんと向き合った吉沢の場合だけでなく、古庄ゆき子の全オモニ、私の小原昭さんのいずれの場合も同様であった。聞き取りでは、具体的な人との格闘を通して、語り手に尋ねるだけでなく、語り手の語りを受けとめ、聞くことの意味を考え、自らの認識を反芻して更新しようとする過程をともなうことが多い。

聞き取りをふまえた歴史叙述では、聞き手の認識の推移や変化を含めて書かれることが少なくない。この点でも、吉沢、古庄、私ともに同様である。それに対して、文献史料にもとづく歴史叙述では、史料読解の詳細や史料を読解する研究者の認識の変化などが書かれることはまれであり、とくに研究者の認識の変化は行間の奥底にしまって書かないことが洗練された研究とされているように思われる。聞き手の認識の推移を含めた叙述は複雑さを増すので避けるべきかというと、そうは思わない。

この点、また次章でふれることになるが、グローバル化が進む現在では、グローバル化が進むほどに、現在が重視されて過去と現在が切断される現在主義が強まる傾向にあり、歴史的な思考の必要性についてはあらためて説明が求められる。そこでは歴史の過程を説明するだけでなく、歴史研究者（聞き手）は文字史料や聞き取りをどのように認識して読解し、叙述に向かうのかといった、歴史的な思考を成り立たせる根本について説得的に論じる作業が重要だと判断している。その点からすれば、聞き手の認識を含めた叙述は、むしろ求められている課題だと考えている。

「語る歴史、聞く歴史」は歴史学の方法を問い直す。聞き取りに向き合って語ること、聞くことの意味を考えることは、それまで自明に思っていた文字史料による歴史学の方法を問い直すことになり、さらには、暗黙のうちに前提にされていた歴史の時間と空間への問いを呼び起こし、歴史の叙述自体を再検討することになる。私はここに「語る歴史、聞く歴史」の可能性があると思っている。

『私たち』の「あとがき」で吉沢は、「歴史学というものを大学の研究室と図書館でもっぱら学んできた私」にとって、聞き取りにとりくむ仕事は、「研究の新しい楽しみと厳しさを教えてくれた」と述べている。そのうえで吉沢は、「アカデミズム」を「批判する立場にもっぱら立っているわけでもないが」、「アカデミズムの牢固なしきたりから私はかなり自由になれたし、歴史学の深みをようやっと垣間見ることができたような気がする」（傍点―原文）と指摘している。本書で「語る歴史、聞く歴史」の歴史をたどり、私自身、聞き取りにとりくんできた人間として、吉沢の指摘に深く共感する。

第6章　歴史のひろがり／歴史学の可能性

りあげられる。

歴史はどこに？

歴史はいま、どこにあるのだろう。教科書や歴史小説のなか？　図書館や書店の歴史書コーナーのなか？　大河ドラマやお城のなか？　アニメやゲーム、マンガにも歴史の題材がよくとりあげられる。

いま、歴史が一番あふれているのはインターネットの中なのかもしれない。歴史がわからなければネットで検索すればいい。上手につきあえばネットのなかで歴史と接することができるはずだ。だが、ネットで歴史と接するのはなかなかに難しい。ネットの情報は真偽が定かでないので判断が必要だ。それに加えてネットでは、議論が単純化される傾向が強い。また歴史に関する情報、意見、場合によってはヘイトまがいの主張は、毎日のようにとめどなく更新され消費されており、そのことでかえって人びとを歴史から遠ざける作用もつくり出している。人びとの生活にインターネットやSNSがこれだけ広く入り込んだ現在、歴史をめぐる人びとの意識は、情報の更新・消費の渦に巻き込まれている。

このような状況があらわれてきた一九九〇年代半ばに、歴史家の鹿野政直は、歴史と歴史学をめぐる様相の変化の波頭をとらえて、「化生する歴史学」と呼び、歴史をめぐる自明性が解体しつつある状況に警鐘をならした（鹿野『化生する歴史学』一九九八年）。一九九〇年代以降のグローバル化の進展とメディア環境の変貌のなかで、歴史と歴史学をめぐる状況は大きく様変わりしつつある。

それでもなお、二〇〇一年のアメリカにおける九・一一事件や、二〇一一年の日本における東日本大震災（三・一一）など、巨大な出来事がおきると、必ずといっていいほど歴史に立ちもどり、事件や現在という時代の歴史的意味が再検討されてきた。グローバル化が進展すればするほど、歴史にもどることは自明ではなくなるが、それでもなお私は、人びとが生きていくうえで歴史は大事なものであり、歴史を振り返ることで未来を考えることができると確信している。グローバル化とメディア環境が激変する現在にあって、歴史と人びとのかかわりを考えるための有力な方法として、今まで検討してきた「語る歴史、聞く歴史」があるのではないか。

一九九〇年代以降の現在と「語る歴史、聞く歴史」

これまで、明治期から一九八〇年代までの日本における「語る歴史、聞く歴史」を検討し、あわせて、一九七〇年代末からの私自身の聞き取りについても検証してきた。そのなかで、一九七〇～八〇年代に入り、聞くことへの関心が高くなってきたと指摘しておいた。その後の一九九〇年代から現在に至る時代になると、「語る歴史、聞く歴史」への関心がさらに強まり、さまざまな領域で聞き取りが広く行われるようになってきている。本書の最後の章では、一九九〇年代以降の概観を示し、この動きのひろがりの意味を考え、その先に「語る歴史、聞く歴史」から歴史や歴史学の可能性がどのように開くのか、検討を進めたい。

第5章で吉沢南についてふれた際に、日本では一九八〇年代ごろからオーラル・ヒストリーという言葉がしだいに知られてきたと述べておいた。その日本で、オーラル・ヒストリーの学会である日本オーラル・ヒストリー学会が創立されたのは二〇〇二年のことである。政治を聞く歴史においても、一九九〇年代以降になるとオーラル・ヒストリーという言葉が使われ、政治家のオーラル・ヒストリーが組織的に大規模にとりくまれた。二〇〇四年に保苅実『ラディカル・オーラル・ヒストリー』が刊行された。オーストラリアにおけるアボリジニの歴史へのかかわり方を「歴史実践」ととらえ、歴史学や人文科学に対して根源的な問いかけを行った保苅の本は、オーラル・ヒストリーをめぐる議論の流れに棹さすものだった。一九七〇年代以来、日本の地域では聞き取りも活用した女性史がとりくまれ、二〇〇三年には、この流れから発展したオーラル・ヒストリー総合研究会が創設されている。

オーラル・ヒストリーという言葉が使われるなかで、オーラル・ヒストリーへの認識、つまりは「語る歴史、聞く歴史」への認識が徐々にひろがるとともに、一九九〇年代以降で目にとまるのは、地域での体験や戦争体験などをめぐって、語ること、聞くことに積極的な意味が見出され、聞き取りがとりくまれていることである。熊本県水俣市の近代史をめぐり、二〇年間におよぶ膨大な聞き取りの成果として、『聞書　水俣民衆史』(全五巻、一九八九〜九〇年)が編まれた。長野県飯田市では、二〇〇二年から、「満蒙開拓を語りつぐ会」による聞き取りが継続的に行われ、語りつぐ会の編集による『下伊那のなかの満州　聞き書き報告集』全一〇巻が刊行され、聞き書きは現在でも続いている。戦後五〇年や戦後六〇年を契機にして地域で聞き書きの気運が高まった例として、東京の小平市をあげることができる。一九九〇年代の小平市では、小平ふるさと物語部会や小平・ききがきの会、平和のための戦争展・小平などのとりくみを通して、地域の歴史や戦争体験の聞き取りが進められた(『小平市史　近現代篇』二〇一三年)。

戦後にとりくまれた聞き取りの音声資料が残されており、その整理が一九九〇年代以降に進み、聞き取りの〈現場〉をたどることができるようになったのもこの間の特徴である。第2章でとりあげた植民地朝鮮に関する友邦協会の聞き取りと、沖縄戦の聞き取りがそれである。友邦協会の聞き取りは、二〇〇〇年以降、宮田節子の解説・監修により、テープ起こしに解説をつけて順次活字にされている。

沖縄戦については、二つの方面から光があてられている。一つは、戦後六〇年の二〇〇五年ごろに、沖縄戦の体験をその村の島クトゥバ(言葉)で語ってもらい、映像と写真で記録する活動が行われた。証言者同士が身近な言語で証言を共有する試みであり、聞き取りや証言における言語の意味、語ったことを表現する方法などに焦点があてられ、あらためて戦争体験の記録が議論されるようになった。これらのとりくみを背景にして、鳥山淳は、沖縄戦における聞き書きの経緯を詳細にたどるとともに、語ること、聞くことの歴史的な意味を深くほりさげている(鳥山「沖縄戦をめぐる聞き書きの登場」二〇〇六年)。語ること、聞くことに関心が集まるとともに、語ること、聞くことの意味が問われるようになったのもこの間の特徴である。

沖縄ではもう一つ、『沖縄県史・沖縄戦記録1』に携わった宮城聰の資料が一九九五年に沖縄県公文書館に寄贈され、座談会形式による聞き取りを音声資料として聞くことができるようになった。公文書館の久部良和子は、音声資料の整理にあたるとともに、学校の教材にする試みを行い(久部良「沖縄戦証言記録の公開について」二〇一一年)、また小林多寿子は、座談会形式の音声を聞き、『沖縄県史・沖縄戦記録1』と照合する作業を通して、オーラル(語られたこと)の意味を探っている(小林「オーラル・ヒストリーと地域における個人の〈歴史化〉」二〇一〇年)。

この時代にはまた、歴史のなかで大きな困難を背負った人びとや、心身に難しい問題をかかえた人びとなど、困苦を背負う人びとに寄り添うなかで話を聞くことが試みられ、しだいに広くとりくまれるようになっている。日本軍の「慰安婦」にさせられた人びとや中国で日本軍による性暴力被害にあった女性たち、ハンセン病の人たちなどである。

人びとに話を聞くことは、医療やカウンセリングの現場におけるナラティブ・アプローチのとりくみや介護現場における聞き書きの実践、ＰＴＳＤ（心的外傷後ストレス障害）への対処を通してもひろがっていった。一九九五年の阪神・淡路大震災や地下鉄サリン事件をきっかけにして、ＰＴＳＤが広く知られるようになる。ＰＴＳＤは、もともとベトナム戦争の帰還兵に多く見られた精神的な障害を救済するために病名として認定されたものである。戦争や災害、犯罪、事故、暴力など、自分では対処しきれない圧倒的な脅威にさらされたときに心に大きな衝撃を受け、そのトラウマ（心的外傷）がもとになって、さまざまなストレス障害が引き起こされる。

一九九五年以降、ＰＴＳＤに対して「こころのケア」が重視され、東日本大震災をはじめとしたその後の災害でもとりくまれる一方で、沖縄戦や中国における日本の戦争をめぐり、戦争のトラウマが議論されるようになった。阪神・淡路大震災以後、とくに東日本大震災以降には、災害が起きた地域の人びとや、その地域でくらしていた障がいをもった人、妊娠・出産した人、在日外国人など、さまざまな境遇の人びとから話を聞くことが行われている。聞き書きは、行政やＮＰＯ、学校の教材などともかかわり、地域の女性史や森・川・海で生業をなしている人びと、自然とくらしなどをめぐり、裾野広くとりくまれている。

一九九〇年代以降の「聞く歴史」の領域を見ると、政治を聞く歴史を中心として記録に重点をおくものと、体験を聞く歴史が広範にとりくまれているところに特徴がある。前者については、科学研究費や政策研究大学院大学のプロジェクトで政治家のオーラル・ヒストリーが組織的に大規模にとりくまれており、後者は、自然とくらし、生業を含めた地域の体験から、日本軍「慰安婦」や軍事性暴力、PTSDなどを含む戦争体験、ハンセン病などにひろがっている。

なぜ「聞く歴史」がひろがっているのか

それではなぜ、一九九〇年代から現在に至るまで、「聞く歴史」への関心がひろがっているのだろうか。この点を考えるために、最初に、第1章から第3章までの戦前・戦後の「語る歴史、聞く歴史」を振り返ってみたい。速記の登場による政治を聞く歴史や座談の聞き取り、柳田民俗学などによる聞き書きを特徴とする戦前の聞く歴史と対比したときに、戦後についてあらためて印象的なことは、政治を聞く歴史が続くとともに、戦前には見られなかった体験を聞く歴史がひろがっていることである。そこには起伏があり、一九五〇～六〇年代には女性が女性に体験を聞く歴史がとりくまれるが、この時代は聞くことよりも書くことへの関心が強かった時代であり、高度経済成長やベトナム戦争を経過した一九七〇～八〇年代になると、聞くことへの関心がひろがり、戦争や植民地での体験を聞く歴史が加わった。そこに九〇年代以降を接続してみれば、「聞く歴史」そのものへの関心がひろがるなかで、戦前来の系譜のなかで政治を聞く歴史が継続するとともに、体験を聞く歴史がいっそう広範にとりくまれていることがよくわかる。「聞く歴史」と「体験を聞く歴史」に関心が集まる理由について、背景となる時代状況と体験を聞く歴史の〈現場〉を訪ねるなかで、さらに考えてみたい。

聞く歴史、なかでも体験を聞く歴史がひろがる背景には、二つの大きな時代状況があるように思われる。一つは、一九九〇年代以降のグローバル化とメディア環境の変化である。グローバル化が進展すればするほど、メディア環境が激変すればするほど、一方で人びとを疎外する状況がひろがり、その反証として人と人の関係回復の希求、身体性の回復の希求が強まる。聞く歴史に関心が集まっている背景には、身体性の回復の希求があるように思われる。

九〇年代以降のグローバル化の進展は、他方で冷戦構造の崩壊と重なることで、世界の各所で二〇世紀の歴史の見直しを引き起こしている（大門「新自由主義時代の歴史学」「歴史学の現在」ともに二〇一七年）。これがもう一つの時代状況である。そこでは植民地主義や軍事性暴力、黒人の歴史をはじめとして、人種主義や奴隷制に至るまで歴史全般が見直され、失われた歴史を回復する気運が生まれている。九〇年代以降の日本で、日本軍「慰安婦」や軍事性暴力などの体験を聞く歴史がひろがっている背景には、この時代状況が横たわっている。

聞く歴史に積極的な意味が見出され、なかでも体験を聞く歴史がひろがっているのは、この二つの時代背景に大きくかかわっていると思われる。体験を聞く歴史を通じて二〇世紀の失われた歴史が検討され、さらに聞き取りの〈現場〉を通じて身体性の回復を希求する気運が見られる。

とはいえ、グローバル化という大状況の猛威が強まれば強まるほど、身体性や失われた歴史の回復は容易なことでなく、回復の契機があったとしてもかすかなものであり、とても見えにくい。ここでは、一九九〇年代以降の「語る歴史、聞く歴史」の〈現場〉を四つ訪ね、試行錯誤の過程のなかに身体性の回復につながる面があるのか、あるとすればどのような条件のもとなのか、といったことを探ってみたい。

一つ目の〈現場〉は、長野県の飯田・下伊那《しもいな》地域である。先にとりあげた「満蒙開拓を語りつぐ会」に加わり、飯田市で長いこと歴史の調査研究に携わってきた本島和人は、およそ二一世紀以降、飯田・下伊那と近隣の地域では、語りつぐ会以外にも聞き書きによる調査報告書が一二例あることを確認している（本島「多様な形と、語りを残し伝える意志」二〇一五年）。戦後五〇年や六〇年などを契機として、聞き書きにより戦争体験、満州移民体験、地域の歴史が掘り起こされ、文字に紡がれている。「語り手も、聞き取りの手法」も「実に多様」だが、「聞き取りをする意図と意思はいずれも明確」であり、「その意思を前にして、話し手は誠意をもって語り、聞き手は聞き書きとしてのかたちを整える、と述べている。なぜ地域で聞き書きなのか。語りつぐ会のとりくみにかかわって本島は、「史料によってすすめられてきた地域研究が、語り（聞き取り）によってより豊かなものになりうる可能性」が示されているからだと指摘している（本島「満州体験者と市民の出会い」二〇〇六年）。

二つ目の〈現場〉は地域女性史である。「語り（聞き取り）」のなかにある「より豊かなもの」になる可能性について、地域女性史に関する二つの言葉を手がかりにして考えてみたい。地域女性史の聞き取りにかかわって、語り手はみな、「私なんて本当に平凡に生きてきて何にもお話しすることなんてないのよぉ」ということが紹介されている（青井のな「歴史と自己の再発見」二〇一四年）。それに対して、ある聞き取り集の「あとがき」には、聞き取りが語り手と聞き手の双方に促した作用が書かれており、印象深い。聞き取りを通じて、語り手には、「時間をかけて自分自身をみつめ、自分の気持ちを相手に、真剣に、率直に伝え」ることを促し、聞き手には、「真摯な気持ちで、相手の語りに耳を傾け、受け止め、理解」することを促し、「立場は違っても」「対話」が大事だという「共通した感慨」を双方がもつに至ったということが書かれている（『西東京市の女性の聞き書き集』二〇一〇年）。

二つの言葉にははるかな距離がある。聞き取りを始めるとき、前者のような言葉を聞くことがよくある。その言葉から後者の「対話」が大事という感慨に至るには時間と信頼が必要である。時間をかけて何回も聞くなかで信頼関係が少しずつ築かれ、ようやく後者の感慨に至ることができる。

介護民俗学の聞き書きの〈現場〉で

「対話」が大事という感慨に至るカギは、何よりも聞き書きの〈現場〉にある。聞き書きの〈現場〉でどのような作用が起きれば、このような感慨が生まれるのか。この点にかかわって、三つ目の〈現場〉として六車由実《むぐるまゆみ》の介護民俗学をとりあげてみよう（六車『介護民俗学へようこそ！』二〇一五年）。

二〇一五年現在、六車はデイサービス施設「すまいるほーむ」で管理者・生活相談員として働き、介護の世界で聞き書きを行っている。六車は、介護の世界における聞き書きは、傾聴とも自立支援とも異なると述べる。傾聴はカウンセリングにおけるコミュニケーション技能の一つであり、傾聴も自立支援も支援を目的とするのに対して、六車がとりくんでいるのは、「支援を目的としない聞き書き」であるという。

六車は、支援の意味を十分に理解したうえで、「支援を目的とした傾聴」では、「利用者さんとの関係」が「ケアする側とされる側にどうしても固定化」されてしまう。長い人生を生きてきた人に対して固定的な関係で接することに強い違和感を覚えた六車は、支援という目的からいったん離れて、「利用者さんの言葉そのものに真剣に耳を傾けた時」、「これまで私の知らなかった驚きの人生や経験が見えて」きて、利用者さんは単に利用者さんであることにとどまらず、人生や生きることを「教えてくれる師」になったという（傍点―引用者）。聞き書きを通して、「ひとりの人間として利用者さんに向き合い」、その人生に「敬意を持つ」ことは、「結果的に、私たちのケアの在り方をより深いものにすることに繋がっていく」と六車は考えたのである。

ここには介護と聞き書きの双方に対する示唆がいくつもある。一人の人間として利用者さんに向き合い、利用者さん自身に自分が生きた人生を振り返ってもらう六車は、利用者さんの言葉に耳をすまし、何度でも聞く。そこからは、今まで気づかなかった人生のあゆみや経験が聞こえてきて、利用者さんが得意だった料理をつくってもらう食事介助や、利用者さんの人生をすごろくにした人生すごろくに結びつき、デイサービス施設全体で利用者さん一人ひとりの人生の歴史を確認していく。こうしたなかで利用者さんは、ケアされる人にとどまらず、それぞれの人生を生きた当事者になり、相互に認められ合うことになる。

以上に加えて六車は、利用者さんから聞いたことを受けとめ、かたちにすることに独自の意義を見出している。六車の聞き書きは、日々の忙しい介護の合い間に行われる。六車は、それらをいったん全部受けとめて考え、かたちにするための「編集」というプロセスが必要だと指摘する。「編集」は、「利用者さんの発した言葉や起きた出来事の意味を見なおし、問いかけてみる」ことであり、そうすると、「聞いたときには気づかなかった言葉の深い意味や、出来事の背景が見えてきたりする」。こうして六車は、利用者さんが語ってくれた「記憶の素材」を、

「整理して、並べ直して、ひとつの物語」としてかたちづくっていく。

六車の介護の世界も大状況と無縁ではなく、グローバル化に役立つ能力のみが評価される傾向をさけることはできない。そのもとで六車は支援や結論を急がず、介護と聞き書きの両方に新しい光をあてるなかで、利用者さん（語り手）は生きてきた人生をあらためてたどり直して向き合い、聞き手もまた語り手に対して一人の人間として向き合い、さらには語り手の語りを深く受けとめてかたちにする。語り手と聞き手が〈現場〉で向き合うこのような関係には、語り手と聞き手の双方の身体性の回復を促す側面があるといっていいだろう。

六車のように〈現場〉の意味を深く問おうとする試みは、戦後の体験を聞く歴史のなかで、たとえば、「相手の語りたく伝えたく思って」いることに「耳をすま」そうとした森崎和江や、女たちが生きた歴史の全体性のなかに女たちを「蘇生」させようとした古庄ゆき子、試行錯誤の末にlistenすることの重要性に気づいた私の聞く歴史の〈現場〉と重なるように思われる。このなかで、私の試みは二〇〇〇年代に入ってからのものであり、第4章・第5章で述べたように、当時の私は自分の聞き取りの課題を手さぐりで整理し、試行錯誤を重ねるのに精一杯だったが、本章で一九九〇年代以降の聞く歴史を整理してみると、同じように聞く歴史の〈現場〉に関心をもち、そこに向き合おうとしている人が少なくないことがよくわかった。この時期における、沖縄戦の経験を島クトゥバで語る試みや、沖縄戦に関する聞き書きの意味を深くほりさげた鳥山淳の試みなども、〈現場〉に焦点を合わせたものだといえよう。戦後の体験を聞く歴史のなかで、森崎や古庄のように、〈現場〉で語り手の語りに耳をすまし、語り手の生きた歴史をよみがえらそうとした人もいた。そのような〈現場〉への向き合い方がひろがっているのが、一九九〇年代以降の聞く歴史の特徴であり、そこに聞く歴史への関心が強まっている理由があるように思われる。

性をめぐる困難を背負った人たちの〈現場〉から

〈現場〉に向き合うことは、語り手が歴史のなかで大きな困難を背負った人びとや、心身に難しい問題をかかえた人びとであれば容易なことではなかった。この点にかかわって小野沢あかねは、二〇〇〇年代にあらわれてきた、性売買・「慰安婦」被害における聞き取りの困難とそれを乗り越えようとする試みを整理しており、〈現場〉のあり方を考えるうえで示唆に富む（小野沢「性売買・日本軍「慰安婦」問題と国家・社会」二〇一七年）。これが四つ目の〈現場〉である。

小野沢は、自分の聞き取りのなかで元ホステス女性が性売買について「寡黙」になったことを受けとめ、「そのことの持つ痛み」を推し測りながら、「性売買に関する質問を抑制し、長い交流のなかでの思い出話の聞き手に徹することを心がけ」た。その結果、「一つしかない人生の思い出話にはやがて性売買が登場することになった」という。自分自身の聞き取り経験に、中国山西省で日本軍による性暴力被害にあった女性たちからの長期間の聞き取りと(石田米子・内田知行編『黄土の村の性暴力』二〇〇四年)、在日朝鮮人「慰安婦」宋神道《ソンシンド》のたたかいを支え、寄り添った人びとの曲折を含む記録(在日の慰安婦裁判を支える会編『オレの心は負けてない』二〇〇七年)を加え、小野沢は検討を進めてゆく。

重い経験をもつ女性たちとの生身の人間同士のやりとり、支援の過程で生じたさまざまな曲折。これらは本書で見た、古庄ゆき子とオモニたちとの試行錯誤にも通じるだろう。性売買や性暴力をめぐって大きな困難を背負った人を支え、話を聞く過程については、「語る歴史、聞く歴史」の広い文脈とかかわらせて検証することから開ける世界もあるように思われる。

小野沢は検討した先の事例から、聞き取りのポイントを三つ指摘する。

①長期の交流・支援にもとづく信頼関係の必要性

②聞き取りが可能な条件を模索し、その条件や場と証言の内容は緊密な関係があることを自覚し、証言を一人歩きさせない

③研究者や支援者の先入観を捨て、「相手の「ありのまま」(完全なありのままはありえないが)」から被害について考察する

ことである。

体験を聞く歴史が成り立つ条件とは？

小野沢の指摘は、この間ひろがっている体験を聞く歴史が成り立つ条件にも重なる。ここでは、六車の試みとあわせて整理してみれば、小野沢が③で指摘する「ありのまま」から考えるということは、六車がいう、「言葉そのものに真剣に耳を傾け」るということと同じである。①の関係を十分に保ち、聞き手が先入観を捨てて③で臨むことができるようになったとき、人生で大きな困難をかかえた人びとがようやく語ってくれることがある。そこで語ってくれた内容は、①や③の条件のもとにあることに十分自覚的でなければならない(②)。

以上の整理をふまえて、小野沢のいう「ありのまま」について議論を進めてみよう。「ありのまま」に受け入れるということと聞き取りの listen は同じであり、listen を言い換えれば、虚心坦懐に耳をすますということになる。今の私は人の話を聞く際に、虚心坦懐に耳を傾けることにつとめている。ただし、「ありのまま」に受け入れる、listen することは、聞いたことをそのまま記述すればいいということではない。虚心坦懐にということは先入観をもたずに聞くということであり、語り手の語りを虚心坦懐に聞いた聞き手は、そのうえで、「ありのまま」の考察に向かう必要がある。

聞き手は、語り手が語ったこと、語りえなかったことについて、沈黙や表情を含めて考えることになる。語り手は、語り手が生きてきた過去から現在に至るまでの経験をさまざまな磁場とのかかわりで語る。その磁場には、すさまじいまでの歴史の抑圧や困難が加わっていることもある。しかも語り手は、聞き手との関係の〈現場〉のなかで語る。聞き手は、過去と現在に至る経験をさまざまな磁場を考慮して検証し、語りの内容と意味を確定させる必要がある。これらをふまえたうえで聞き取りを叙述する。これは六車が指摘した「編集」と同じであり、小野沢がいう「ありのまま」についての考察には、実際には、このような作業が加わる必要がある。

以上をふまえて、私なりに体験を聞く歴史が成り立つ条件を整理すれば以下の四点になる。

(1)語り手と聞き手の信頼関係のあり様
(2)聞き取りが成り立った条件、場についての自覚
(3)先入観を捨てて語り手の語りに耳をすます
(4)語りの意味を考え、聞き取りを叙述してかたちにする

文字史料と「語る歴史、聞く歴史」、あるいは定義をめぐって

かつて聞き取りがとりあげられる際には、必ずといっていいほど文字史料に比して信憑性に欠けることが問題にされ、聞き取りは文字史料の「補完」であると指摘されることが多かった。とくに体験を聞く歴史はそうだったといっていいだろう。現在では、このような意見は少なくなってきたものの、決してなくなったわけではない。聞き取りの検証にあたり、文字史料とも

照合することは当然のことである。しかし、文字史料を優先し、文字史料の枠内に聞き取りを位置づけることになると、ここで検討してきた、体験を語る歴史の複雑だが豊かな過程、困難を乗り越えてようやくにして語られた内容、〈現場〉に含まれた身体性の回復の側面などに光をあてることはできない。体験を語る歴史の可能性を閉ざさずに開くためには、聞く歴史に固有の成り立つ条件を明示し、そのこととあわせて聞く歴史を叙述する必要があるのではないか。

一九七〇年代以降、聞くことへの関心がひろがり、そのなかで一九九〇年代以降になると、とくに体験を聞く歴史に関心が集まるようになってきた。その背景に、グローバル化やメディア環境の変化、二〇世紀の歴史の見直しなど、大状況の変化があり、そのもとで、あらためて人びとの存在をとらえ直すうえで、身体性をともなう聞く歴史に関心が集まっていることは指摘したとおりだ。

私は、「語る歴史、聞く歴史」に今後の歴史学の可能性があると思っている。この可能性を開くためにも、聞き取りが成り立つ条件が明示される必要がある。とくに、従来、信憑性がとりざたされた体験を聞く歴史をめぐっては、この条件の明示が不可欠だろう。その条件として、ここでは先の(1)から(4)をあげておきたい。

ところで、政治を聞く歴史が大規模に行われるなかで、それを担った一人である御厨貴《みくりやたかし》は、『オーラル・ヒストリー――現代史のための口述記録』（二〇〇二年）を著し、そのなかでオーラル・ヒストリーを、「公人の、専門家による、万人のための口述記録」と定義している。ここにはポイントが三つある。「公人」と「現代史」「専門家による」である。明治以降における「語る歴史、聞く歴史」をたどってきた本書からすれば、オーラル・ヒストリーの対象を「公人」に限った定義はいかにも狭いことがよくわかるだろう。

それに加えてこの定義では、時代が「現代史」に限定されているが、本書では、オーラル・ヒストリーを含めて、聞き取りの実践を広く歴史のなかにも求め、歴史から現在に至る語ること、聞くことを、「語る歴史、聞く歴史」と表現した。「語る歴史、聞く歴史」を設定することにより、現代史に限定されたものと思われていたオーラル・ヒストリーをめぐる議論は、歴史を含めた視野のなかで行うことが一挙に可能になり、歴史学の今後の可能性を示すことができるようになった。この点でも御厨の定義は射程範囲が狭い。

最後の「専門家による」は、聞き取りの信憑性をめぐって御厨が強調する点である。聞き取りの信憑性を検証する専門家の役割の強調からすれば、非専門家による聞き取りは信頼できないことになる。この点をめぐっては、倉敷伸子がすでに的確な批判を行っている(倉敷「女性史研究とオーラル・ヒストリー」二〇〇七年)。御厨は実際には語り手との「共感の磁場」のなかで聞き取りを行っているが、そのことはとりあげず、専門家による検証のみを強調しているという批判である。

倉敷の批判をふまえれば、政治を聞く歴史で必要な検証は、専門家によるいわゆる「事実」にとどまらない。政治を聞く歴史にあっても、どのような場が設定され、だれがどのような関係のなかで聞いたのか、聞いたことだけでなく、聞かなかったことは何なのか、そのうえで、聞き書きはどのように考察されたのか、といった、先の⑴から⑷に該当する条件の検討が必要になる。このように整理すれば、⑴から⑷の条件は、体験を聞く歴史に限ったことではなく、聞く歴史全般が成り立つ条件ということができる。

戦争体験を受け継ぐ、受け渡す

一九九〇年代から現在に至るまで、聞くことへの関心と、とくに体験を聞く歴史への関心がひろがっており、そこには歴史と人びとのかかわりを見渡すうえで有力なてがかりがあると私は考えている。そのことに関連して、二つの場面を確認しておきたい。一つは、戦争体験を受け継ぐ、受け渡すということであり、もう一つは、阪神・淡路大震災や東日本大震災など、災害がおきたあとで人に話を聞くことについてである。

戦争体験を語ってきた人たちが高齢化し、戦争体験を語り継ぐことは大きな課題であり続けている。二〇〇七年一〇月二〇日、長野県飯田市でシンポジウム「満蒙開拓を語りつぐ意義と可能性」が開かれた。先に紹介をした満蒙開拓を語りつぐ会の聞き書き集が第五集まで刊行されたとき、語りつぐ会は、「実践活動の充実と方法論の洗練」をめざして、シンポジウムを開催した(蘭信三編『満蒙開拓を語りつぐ意義と可能性』二〇〇八年)。このシンポジウムでは、第一部で聞き書きにとりくんだ人たちが「実践活動」を振り返り、第二部では、会を長く支えた蘭信三さんに、大串潤児さんと私が招かれてコメントをした。この会は、出発点から「語りつぐ会」を名乗っていた。印象深かったのは、長野県飯田市で聞き取りを続けてきた人たちの報告と、岩手県和賀町で聞き取りにとりくんできた私のコメントでは、期せずして聞き手にアクセントをおいて語り継ぐことにふれ、関心に強い重なりがあったことである。

たとえば第一部で報告をした橋部進さんは、聞き書きは、語り手、聞き手、編集方法で成り立つとして、語り手には、自分自身の言葉で、「体験した事実、感情、記憶」について、「具体的な細部描写」まで語ってもらえる語りが「よい語り」だと述べ、「事実、感情、記憶」を「人々の想い」と表現した。それに対して、聞き手が心がけることは、「語り手を誘導することは避けて」、「語り手の「まるごと」の生き様」を聞くことだと述べた。印象的だったことは、語りつぐ会の聞き書きにかかわって第一部で報告をした人が、いずれも聞き手として語り手に何を聞いたのかだけでなく、どのように聞き、受けとめたのかに重心をおいて報告していたことであり、聞き手に光があてられていたことである。橋部さんが使った「想い」や「まるごと」は、他の報告者からも聞かれたことだったので、第二部では、第一部を聞いて印象に残った言葉として、大串さんは「まるごと」に、私は「想い」にそれぞれ注目し、コメントのなかで紹介をした。

当日、私が用意したコメントのタイトルは、「語り手と聞き手の往還――「語りつぐ」とはどういうことなのだろうか」であり、概略、以下のようなコメントをした。この会の名称にある「語りつぐ」を念頭において聞き取りについて考えてみると、聞き取りではもちろん語り手が重要な存在なのだが、聞き手が語り手から話を聞き、それらを叙述する一連の過程をふまえれば、語り継ぐうえで聞き手が重要な役割をはたしていることがおのずとわかってくる。聞き手は、単に質問をして語り手に語ってもらうのではなく、語り手の話の内容から思いまでをまるごと受けとめることができる場合がある。このようなことは、両者が直接対面する聞き取りであればこそできることである。聞き取りには、語り継ぐ可能性が含まれている。語り手と聞き手が直接に向き合う聞き取りが開く可能性、文字史料と異なる可能性がそこにあるのではないか。

今から振り返れば、二〇〇七年のシンポジウムの背後には、一九九〇年代以来の聞くことへの関心のひろがりがあり、その気運のなかで語り継ぐことが議論されたのだといえよう。

沖縄県糸満市のひめゆり平和祈念資料館は、沖縄戦を体験したひめゆり学徒隊の人たちが語り部となり、沖縄戦の体験を語ってきたところである。そのひめゆり平和祈念資料館において、沖縄戦を体験した語り部を継いで、沖縄戦を体験していない人たちが語り部になっている。学芸員の仲田晃子さんもその一人だ（「戦争を語り継ぐ　ひめゆり平和祈念資料館の説明員」二〇一七年）。

学徒隊の語り部は、一番つらいのは生きたいと願いながら亡くなった友だちだと考えており、生き残ったことに負い目を感じながら生きてきたが、そのことはめったに話さなかったという。学徒隊の語り部を受け継いだ仲田さんは、学徒隊の人たちと同じように語っているのではない。学徒隊の人たちの思いを受けとめ、「学徒隊のみなさんが何を抱えて戦後を生きてきたか、ちゃんと伝えたい」として、学徒隊のみなさんの戦後を含めて語っている。沖縄戦を「自分の言葉で伝えたい」と話す仲田さんに対して、館長として長いこと語り部をつとめてきた島袋淑子さんは、「仲田さんたちは、自分たちで講話の新しい形をつくり上げました。私たちの戦後の思いも理解してくれて、継承はもう大丈夫です」といっている。

二〇一七年九月三日、日本オーラル・ヒストリー学会大会で、シンポジウム「戦争経験の継承とオーラルヒストリー――「体験の非共有性」はいかに乗り越えられるか」が開かれた。体験していない人に戦争経験をどう受け継ぐのかをテーマにしたものであり、報告者の一人として小倉康嗣さんが登壇した。広島市立基町《もとまち》高校では、高校生が原爆の絵を描くとりくみが続けられている。高校生たちは被爆者と何度も会い、何度も話を聞き、試行錯誤をくりかえしながら絵を描いていく。小倉さんは、インタビューを実践する社会学者である。基町高校のとりくみに「すっかり魅了」された小倉さんは、絵ができる半年間のプロセスが大事だとして、高校生や被爆者、先生に話を聞きながら半年間を伴走する（小倉「「あの夏の絵」に描かれたあの感情の意味」二〇一六年）。語ること、聞くことが重なり合い、高校生は被爆者に聞いた話を絵にするだけでなく、小倉さんに応えて言葉にもする。絵を描き上げた直後に高校生が小倉さんに吐露した思いが記録に残されている。「やっぱり、証言者の方は亡くなっていくと思うんですけど、その証言者の方の思いと、自分たちの思いをどんどん重ねていったら、証言者以上のその重さが、どんどんどんどん増していくと思うんで、（――そうだよね）はい。だから、（被爆者の方が）いなくなられても、継承していくことは意味があることだと思います」（小倉「被爆体験をめぐる調査表現とポジショナリティ」二〇一三年）。

ひめゆりの仲田さんと同様に、この高校生も語り手の思いを受けとめ、「自分たちの思い」と重ねて絵を描き、自分の言葉にしている。ここに体験を受け継ぐ大事なポイントがある。そして、被爆者の思いを受けとめ、高校生の思いを開くうえで、小倉さんが加わった語ることと聞くことが大切な役割を担っている。

自分の言葉に責任をもつ

戦争体験を語り継ぐときに大事なことは、自分の言葉に責任をもつことだと詩人のアーサー・ビナードさんはいう。文化放送・戦後七〇年特別企画「アーサー・ビナード「探しています」」で、一年間に四七人の戦争体験者から話を聞き、放送してきたビナードさんは、二〇一七年八月一五日の文化放送の番組のなかで、あらためて「語り継ぎ、考える」をテーマに話をした(「斉藤一美 ニュースワイドSAKIDORI」)。語り継ぐときに大事なことは自分の言葉で話すこと、自分の言葉に責任をもって話すことだと、ビナードさんはいう。

ビナードさんが話したことは、仲田さんがいうこと、広島の高校生が話したこと、二〇〇七年に「満蒙開拓を語りつぐ意義と可能性」で議論されたことに通じるだろう。自分の言葉に責任をもつということは、聞き手が勝手に語り継ぐことではない。とはいえ、語り手が語ったことをそのまま伝えることでもないはずだ。語り手が語ったことや思いを「まるごと」受けとめ、肝心だと思うことを伝えることが、ビナードさんのいうことなのだろう。「学徒隊のみなさんが何を抱えて戦後を生きてきたか」まで含めて語り継ぐ仲田さん、「証言者の方の思いと、自分たちの思いをどんどん重ねて」いく広島の高校生は、いずれも自分の言葉に責任をもって語り継ごうとしている。

ここには、「語る歴史、聞く歴史」の可能性が示されている。聞き取りには、体験や思いを

「まるごと」受けとめる可能性が開かれている。「まるごと」聞くとは、たとえば、先に述べた聞く歴史が成り立つ四つの条件をふまえ、聞き手が先入観をもたずに語り手の語りに耳をすましたときに聞こえてくるものである。語り手との信頼関係や今までの語りをふまえ、語り手の語りや表情、沈黙を「まるごと」受けとめ、そのなかで肝心なことを受け継ぎ、言葉に責任をもって叙述する。「語る歴史、聞く歴史」には、語りを受け継ぐ可能性が含まれている。戦争体験を語ってきた人たちが高齢化し、戦争体験を語り継ぐことが困難になっている今こそ、戦争体験を聞き、まるごと受けとめ、自分の言葉で責任をもって書きとめる必要がある。そのことが体験を次の世代に語り継ぐ道なのだと思う。

東日本大震災のあとで――すぐそばにある歴史

災害後に人に話を聞くことは、どのような意味をもつのだろうか。ここでは、東日本大震災後の私の経験を紹介したい。

まだ暑さの残る二〇一三年八月下旬に岩手県陸前高田市を訪れた。そのころの私は、東北の近現代史を研究する友人たちと一緒に、東日本大震災後の復興を被災地の歴史の視点から考える「陸前高田フォーラム」を開く計画を立てていた。そのフォーラムでは、陸前高田市の高田保育所長の佐々木利恵子さんに、三・一一のときの保育所の様子を話してもらう予定であり、私はその打合せに高田保育所を訪ねた。

しかし、佐々木さんは、陸前高田で話すことについて強い懸念を示し、断ろうと思っていたと言われた。まだ津波の恐怖をかかえている保育士が多く、被害は保育所だけでなく、陸前高田の多くの人たちが受けたので、その人たちの前で被害を語ることには躊躇があるからだった。私が訪ねたのは午後二時。昼寝をしていた子どもたちがそろそろと起きてきた。子どもたちに挨拶をしながら、保育所の保育の様子を知りたく思い、佐々木さんに尋ねてみた。

佐々木さんが紹介してくれた二月の豆まきの行事の話はたいそう興味深く、話に引き込まれた。準備は毎年一一月ごろから始めて、子どもたちと話し合い、一人ひとりの役割を決める。大事なことは、行事の日にどう演じるかではなく、それまでに一人ひとりの子どもたちが、鬼の気持ちや逃げる子どもの気持ちを考えること、鬼になった○○ちゃんや逃げる△△ちゃんの身になって考えてみること、子どもたちにそうした問いかけをしながら長い時間をかけて準備を進めるという。話のなかで佐々木さんは、「高田の保育は結果ではなく、行事のとりくみの過程を大事にする」と言われた。佐々木さんの「過程」という言葉にちょっと驚いた。私は、歴史学は歴史過程が大事だというように、「過程」という言葉をカギにして歴史学の役割をずっと考えてきたからだ。

第4章・第5章で述べたように、この一〇年くらい、私は人に話を聞くときには、耳をすまし、語り手の話に意識を集め、語り手が何を語りたいのか、語り手の話の大事なポイントは何なのかを受けとめようとしてきた。佐々木さんのときもそうだった。ゆっくりと丹念に話す佐々木さん、耳をすます私、そのとき耳に飛び込んできた「過程」という言葉がとても大事なことのように思えた。

フォーラムは、地域の歴史のなかに人びとが生きた痕跡をたどり、歴史と現在を往還するなかで復興を考えようとするものである。「過程」を大事にする陸前高田の保育は、歴史と現在を往還するフォーラムの趣旨と必ず結びつくはずだと思った。佐々木さんにお願いしたところ、三・一一以前の陸前高田の保育のことであればと、ようやく了承してもらうことができた。

二〇一三年九月二八日、一〇〇人近くが集まったフォーラム当日は、私が聞き役になりながら、佐々木さんに話していただいた。高田の保育の過程を丁寧にたどる佐々木さんの話から、三・一一以前の保育が地域の人たちや陸前高田の自然に囲まれていた様子が浮かび、今は三・一一前にできたことはしようねと子どもたちに語っているという佐々木さんの話が大きな感銘を生んだ。

佐々木さんの話が参加者を引きつけるなかで、聞き役だった私は、「すぐ身近な保育所にも大事な歴史があり、それは今後の復興のための地域の蓄積にほかならないのではないか」と述べた。佐々木さんの丁寧な話のなかから、右に述べたことが見えてきたからである。

すぐ身近なところにも大事な歴史があることの発見は、参加者にとって驚きだったようだ。参加者のアンケートには、「保育という視点から三・一一を考える、というのが歴史とつながるというのが意外で印象的でした」、「予想、期待をうらぎるおもしろいお話でよかったです。「歴史」が今回のようなものだと楽しいなと思いました」というように、すぐ身近な歴史に反応したものが多くあった。アンケートには、さらに次のような意見もあった。「私たちのくらしを取りまくすべてが歴史と文化にかかわるという認識を得られてよかった。これまでも、地域の歴史と文化について関心があったので、新たな認識を今後に生かしていけそう」。

歴史は私たちの外側に高くそびえ立っているのではなく、私たちもまた歴史につながっている。佐々木さんの話は語る歴史としての魅力を発揮し、さらに歴史を私たちに身近なものとして認識させてくれた。「語る歴史、聞く歴史」の可能性の一端が、ここからも伝わってくるのではないだろうか。

継続して聞くなかで

佐々木利恵子さんには、その後も継続的に話を聞いている。二年後の二〇一五年にうかがった際に佐々木さんは、地域で巨大な嵩上《かさあ》げ工事が進行する変化についていけない感じがすることや、子どもたちの三分の一はまだ仮設住宅に住んでおり、格差が開いている印象があることを語る一方で、保育所では、二〇一三年にはできなかった、手間暇《てまひま》かける保育がようやくできるようになってきたと話し、行事や、子どもたち一人ひとりがミニトマトの鉢植えにとりくむ様子を丹念に語ってくれた。

陸前高田市では、二〇一五年に陸前高田市コミュニティホールが、二〇一七年に市立図書館および商業施設で構成される「アバッセたかた」がそれぞれオープンした。二〇一七年九月に訪ねたとき、定年から一年半が経過した佐々木さんは、毎月二回、仮設住宅の一角で行われる妊婦と乳幼児の見守り支援や、毎月一回、NPO法人きらりんきっずをサポートして、コミュニティホールの畳の部屋と調理室で乳幼児と母親の子育て支援、昼食づくりなどをするように、保育とのかかわりに変化が生じていた。陸前高田は、戦前から戦後にかけて社会教育の蓄積の厚い地域だ。佐々木さんは、陸前高田市の保育士の世代的継承がうまくいっていないことを心配していたが、三・一一から五、六年が経過し、地域に再び社会教育の施設がつくられ、保育や生活と社会教育が結びつき、人びとが施設に集まるようになってきた。佐々木さんの保育は、ようやくにして少し見えてきた陸前高田市の復興と接点をもちながら変化してきたことがわかった。

陸前高田フォーラムに先立ち、東北の近現代史を研究する友人たちと一緒に、東日本大震災後の復興を被災地の歴史の視点から考えるとりくみを、東京新宿の朝日カルチャーセンターと宮城県気仙沼で開き、それらのとりくみについては、一冊の本にまとめた(『「生存」の東北史』二〇一三年)。陸前高田フォーラムのあとには、二〇一五年に福島フォーラムを開催し、私たちは、いま(二〇一七年一〇月現在)、二冊目の本をまとめているところである。

三・一一後の本をまとめるうえでも、私には聞き取りにとりくむことが欠かせない。東日本大震災後には、「がんばろう！東北」が声高に叫ばれ、聞き取りでも復興に前向きにとりくむ局面を引き出そうとするものが目についた。しかし、そのような聞き取りは、聞き手の ask が強いものであり、本書で縷々《るる》述べてきたように、ask が強すぎると語り手の思いをまるごと受けとめることができない。聞き取りでは語り手の思いを受けとめるような listen が必要であるとあらためて思う。

佐々木さんの話を安易にひとまとめにすることは許されないだろう。佐々木さんは、たえず困難に留意し、とりくみの過程を丹念に話す。そのなかに変化の芽が見られ、地域の歴史が浮かび上がることがある。私は、佐々木さんに継続的に聞くなかで、話の核心を受けとめるため、佐々木さんの話に耳をすましている。

環境社会学の宮内泰介は、『歩く、見る、聞く　人びとの自然再生』(二〇一七年)という本のなかで、「自然再生」を「人と自然、社会と自然との関係がさらによい関係になること」と定め、自然再生には、「歩く、見る、聞く」が必要であり、そのなかでも、とくに「聞く」が重要だと指摘している。「聞くという作業は、たいへんにおもしろく、奥深い作業」であり、「聞くといういとなみの中には、私たちが自然や社会とどう向き合うべきかについての示唆が含まれている」と宮内はいう（傍点—原文）。まったく同感である。と同時に、宮内は、聞くことは再生にかかわっていると指摘しており、大変に印象深い。

先に、歴史や経験を語り継ぐことに言及しておいた。語り継ぐうえでは、語り手と同時に聞き手が重要な役割を担っていること、聞き手は自らの言葉に責任をもって語り継ぐ必要があると述べておいた。この言及に宮内の指摘を重ねてみれば、語り継ぐことには、語ることと聞くことを再生する可能性が含まれているということになるだろう。語り継ぐことによって語ることと聞くことが再生され、そこから再び語り継がれるように、語り継ぐことには、人と人の連鎖をつくり直す作用が含まれているといっていいだろう。

「語る歴史、聞く歴史」の可能性

本書では、明治維新期から現在に至るまでの「語る歴史、聞く歴史」をたどってきた。あらためて本書を振り返り、「はじめに」で述べた「語る歴史、聞く歴史」から開ける世界はどのように見通すことができるのかを、最後にまとめておきたい。

「語る歴史、聞く歴史」は、まず何よりも、今を生きる一人ひとりにかかわることである。

今を生きる人が同時代を生きる人に話を聞く。一九七〇年代以降、聞くことへの関心があらわれ、九〇年代以降になると、その傾向はいっそう強まり、体験を聞く歴史がひろがり、聞き書きや聞き取りが各所で行われている。私もまた一九七〇年代末以来、聞き取りにとりくんできた。一九八〇年代に入ると、聞き取りはオーラル・ヒストリーと呼ばれるようになった。聞き取りは、生身の人間が対面して話を聞くところに特徴がある。語り手と聞き手のあいだに信頼関係があり、聞き手が語り手の語りに耳をすますとき、聞き手は語り手に何があったのかだけでなく、語り手の思いや感情、沈黙などを含めて語りをまるごと受けとめることができる。ここに対面性・身体性をともなう聞き取りの固有の特徴と可能性がある。

「語る歴史、聞く歴史」は、現在を生きる人に限られない。過去の歴史のなかにも「語る歴史、聞く歴史」は残されている。本書の第1章で戦前の「語る歴史、聞く歴史」を訪ねたように、本書では、今を生きる人が行う聞き取りに範囲を限定するのではなく、過去に行われて文字に変換されたり、テープに残されたりしてきた語ることや聞くことも視野におさめている。今まで、オーラル・ヒストリーといえば同時代の歴史と考えられてきたが、文字に変換されたものも含めることで、視野は一挙にひろがり、歴史全体を対象にすることが可能になる。ここから、「語る歴史、聞く歴史」と文字とのかかわりを検討する世界が開ける。代筆や代書のなかにも文字に変換された痕跡があるはずである。文字のなかに語ることや聞くことの痕跡を探し、語ることや聞くことが文字に変換される方法やプロセスをたどることで、「語る歴史、聞く歴史」が行われていた〈現場〉を回復させることができる。歴史の〈現場〉からは、声の痕跡や聞く場面など、人びとが生きられた歴史が浮かび上がる。この作業は、いうまでもなく、本書でとりあげた戦前の日本以外にも開かれている。歴史のなかの「語る歴史、聞く歴史」を訪ねる作業には、広大で大きな可能性が開かれている。

「語る歴史、聞く歴史」の歴史と現在をたどり、あらためて三つの印象が残る。第一に、本書で強調してきたように、「語る歴史、聞く歴史」の〈現場〉には、語り手と聞き手の身体性が胚胎している。身体を含めた人びとが生きられた歴史の検討、「語る歴史、聞く歴史」の可能性はこの点にも開かれている。

第二と第三は、とくに聞き手にかかわることである。聞き手は、自分の聞き方に向き合い、聞くことの意味を反芻し、更新するなかで、語り手が語ることをようやくまるごと受けとめられるようになる場合が少なくない。当初は「質問要項」にもとづいて聞いていた瀬川清子は、海女たちの「生活振り」に「大きな衝撃」を受け、「一隅の生活」のなかにもある「力」を教わるようになる。沖縄戦の座談会の受けとめ方をめぐって反芻する宮城聰や、支援という目的からいったん離れ、「利用者さんの言葉そのもの」に耳を傾けた六車由実の姿も印象深い。自分の聞き方のなかに、「植民地支配をした国の人間の感覚」があることに気づいた古庄ゆき子は、どのように聞けばいいのかを考え続け、聞くことを通じて、在日朝鮮人女性が生きた社会のなかに女たちを「蘇生」させようとした。森崎和江が、「相手の思いの核心に耳をすます」聞き方をしたのは、庶民が「素材化されてきた歴史」を超えるためであった。聞くことの困難に気づき、葛藤をへるなかで、ようやく人びとの生きた歴史をまるごと受けとめることができる。

第一・第二をへたうえで、第三に、経験を語る歴史を受けとめるなかで見えてきたことがある。第3章の全オモニと第4章の桜林信義さんの語る歴史からは、時間の流れにそって生きてきたというよりも、経験を軸に、経験の共通項をつくるなどの工夫をして生をつなぐ生活実践をしていたことが確認できた。ここではいわば経験が主軸で時間は副軸であり、経験を軸にして経験と時間が連鎖するようにつながっていた。今まで私は、人は必ずしも時間の流れにそって生きているのではなく、時間を行きつ戻りつして生きていること、また人が生きるうえで経験が重要であることを理解しているつもりだった。だが、今回、二人から見えてきたことは、経験のなかに生きる知恵や拠り所を求め、経験を軸にしながら生をつなぐように生きる姿であった。

人に話を聞く際に、askからlistenに至った私は、本書の執筆を通して、さらに「経験を軸にして生をつなぐ生活実践」という人びとの生き方を受けとめることができた。これは、あらためて桜林信義さんのテープを listen するなかから聞こえてきたことであり、全オモニの聞き取りのなかに生きられた歴史を感受した古庄ゆき子が書きとめてくれたからこそ理解できたことだった。「語る歴史、聞く歴史」からは、人びとの生活実践まで受けとめることができる。「経験を軸にして生をつなぐ生活実践」は、日本の近現代の人びとの生き方を考えるうえで、きわめて重要な検討課題だと思われる。

さて、今を生きる人たちの「語る歴史、聞く歴史」の〈現場〉を訪ね、さらに歴史のなかの〈現場〉を探し、訪ねたうえで、それを未来に向かって受け渡す、受け継ぐ世界が開けている。「戦争体験を受け継ぐ、受け渡す」のところで述べたように、ここでは聞き手の役割が大きい。聞き手が未来に受け渡すのには、語り継ぐことと、書き継ぐことの二つの世界がある。一人ひとりの体験を聞いたあとに、聞き手は自らの言葉で責任をもって語り継ぐことで、体験は孤立したり、埋没したりせずに、未来に受け渡される。一人ひとりの話に耳をすました聞き手には、叙述する世界が待っている。語り手が語りたく思っていることをまるごと受けとめ、語り手を今と歴史の双方に位置づけて書く世界である。語り継ぐことも書き継ぐことも、どちらも次世代の人たちに受け渡すことである。聞き手になりうる私たち一人ひとりが、現在と過去の「語る歴史、聞く歴史」を受けとめ、私たちの言葉で未来に受け渡す。「語る歴史、聞く歴史」には、このように現在と過去と未来をつないで歴史を考える新しい可能性が開けている。

あとがき

四〇年近くにわたり、聞き取りにとりくんできた人間として、自分の経験をたどるだけでなく、人に聞くということ、語るということを広く歴史のなかに訪ねてみることはできないか、この思いが本書の誕生に結びついた。

この本では、「語る歴史、聞く歴史」の一五〇年をたどっている。おそらく、このような試みははじめてのことだ。語ることと聞くことは、私たちにとっても欠かせないコミュニケーションの方法である。本書を通じて、語ることの醍醐味と、聞くことの奥深さを受けとめてもらえたらと思っている。

この本では紹介しなかったものの、語ることと聞くことの醍醐味、奥深さについて考えさせられた私の経験がある。東日本大震災後の二〇一一年一〇月一日、岩手県陸前高田市広田町の徳山衛《まもる》さんの自宅でうかがった話である。その日は、津波の被害を免れた衛さんの自宅をお借りして、陸前高田市の一九七〇年代の地域史にかかわるテーマについて話を聞くために、その関係者に集まっていただいた。

衛さん夫妻に私が加わった話が終わってしばらくしたとき、衛さんはやおら自らの生い立ちを話し始めた。話は、戦後の新制中学校卒業後に、北海道の叔父を頼って船大工の修業を積んだ日々に移り、帰郷後の水産高校入学から東北大学での苦学、教師の選択、結婚、赴任校の変遷などにおよんだ。気がつけば夕食をはさんで五時間半におよぶ一代語りであった。

一代語りからは、語り手と聞き手が向き合う聞き取りでしか味わえない語りの醍醐味を感じた。と同時に衛さんの話には力強さもあった。そもそも、衛さんはなぜやおら話し始め、結果的に一代語りを行ったのか。そのことを理解するカギは、あのときの場にあるように思われた。あのときの場には、震災半年後の状況があり、一九七〇年代について聞く私たちや、耳をすまして聞く雰囲気などが重なっていた。

衛さん夫妻は、津波の被害で九死に一生を得た。衛さんは、震災後、家に閉じこもることが多くなり、宗教や文明について考察を深めた矢内原忠雄《やないはらただお》や梅原猛《うめはらたけし》などの本を読んでいたという。家に閉じこもっていた衛さんは、聞く雰囲気と、一九七〇年代について聞く私たちに背中を押されるようにして、幼いころにもどって話を始め、耳を傾ける私たちに促されて一代語りを行ったのではないか。津波後の将来が見通せない状況に、衛さんは自らの人生を語ることで対峙《たいじ》している。そのように感じられる力強い一代語りだった。衛さんは、聞き手に向かって語るとともに、自分自身でも震災前に刻まれていた生を確認し、そのことで震災後に閉じこもる自分の生を回復させていったように思われた。

衛さんの話については、すでに紹介したことがある(『3・11を心に刻んで』二〇一二年)。本書の最後にあらためて紹介をしたのは、聞き取りは、語り手と聞き手の双方に作用することで、醍醐味や奥深さが生まれることを伝えたかったからである。

歴史と現在の聞き取りの場面からは語る声が聞こえてくる。声とともに沈黙や息づかいが聞かれ、語り手と聞き手の間合いや聞き手の受けとめ方が見えてくる。そこに人と人が対面する「語る歴史、聞く歴史」の特徴がある。「語る歴史、聞く歴史」からは、声からさらに身体を含めた生きられた歴史と現在を検討する道が開けている。「語る歴史、聞く歴史」に立ち会った人たちは、もちろん私がとりあげた人に限られない。この点でも今後の検証可能性が大きく開かれている。


なお、本書では『沖縄県史・沖縄戦記録1』をとりあげたが、同書については、二〇一七年六月に刊行された、新城郁夫・鹿野政直『対談　沖縄を生きるということ』(岩波書店)で言及されており、その後、鹿野政直さんを通じて、鹿野政直「沖縄戦という体験と記憶――「沖縄戦記録」1を通して」(アジア・文化・歴史研究会『アジア・文化・歴史』第四号、二〇一六年一二月)があることを教えていただいた。いずれも『沖縄戦記録1』についての重要な文献であるが、

『沖縄戦記録1』についての本書の原稿を書いたあとだったので、二つの文献を参照して原稿を書き直すことはしなかった。『沖縄戦記録1』に関心をもたれた方は、二つの文献もぜひ読んでいただきたい。


本書の執筆にあたっては、内海愛子、古庄ゆき子、沢山美果子、宮田節子、宮本正明の各氏にお世話になった。記して感謝したい。

最後に、三人の編集者の方々にお礼を述べたい。

一人目は、校倉書房の山田晃弘さん。『戦争と戦後を生きる』を刊行した私に、山田さんは、次はオーラル・ヒストリーの本を、と背中を押してくださった。

二人目は、岩波新書を最初に担当してくださった山川良子さん。本書のメインタイトルは、山川さんの発案である。いまは、山田さん、山川さんにこの本を届けることができてホッとしている。

三人目は、異動の山川さんから本書を引き継いでくださった大山美佐子さん。大山さんとは、本書の進捗状況をよく山登りにたとえたことが、今となってはなつかしい。原稿だけでなく、本書の構成やタイトルなどを含め、本書の執筆は起伏の多い長い登山のようであった。文字通り、伴走してくださったことに心より感謝している。

岩波新書の打合せを最初にしたのは二〇一一年夏だったので、それ以来、刊行までに相当の年月がかかってしまった。二〇一五年四月以来、勤めている大学で大変に忙しくなり、現在に至っている。本書の構想や原稿が中断するたびに練り直す試行錯誤に多くの時間を費やしたが、今は、自分のこととはいえ、ほぼ書きおろしのこの本を書けたことを大変にうれしく思っている。今まで話を聞かせていただいた方々に感謝するとともに、この本を書いたことで、私はあらためて聞き取りの場に立ち会い、人の話に耳を傾けたく思っている。

二〇一七年一〇月

大門正克

参考文献

参考文献は、本書の記述とのかかわりで主要な文献を、本書で参照している順番に並べてあります。本文中の文献の表記は最小限にとどめてあります。

はじめに

篠田鉱造「私の実話主義」『明治百話』上、岩波文庫、一九九六年

前田愛『近代読者の成立』岩波現代文庫、二〇〇一年

永嶺重敏『雑誌と読者の近代』日本エディタースクール出版部、一九九七年

ロジェ・シャルチエ／長谷川輝夫ほか訳『読書と読者――アンシャン・レジーム期フランスにおける』みすず書房、一九九四年

第1章

福岡隆『日本速記事始』岩波新書、一九七八年

高村光雲『幕末維新懐古談』岩波文庫、一九九五年（『光雲懐古談』）

長谷川まゆ帆「オーラルとエクリの間《あわい》」東京大学大学院総合文化研究科地域文化研究専攻『Odysseus』第一七号、二〇一三年三月

大黒俊二「文字のかなたに声を聴く――声からの／声に向けての史料論」『歴史学研究』第九二四号、二〇一四年一〇月
坂本太郎『修史と史学』吉川弘文館、一九八九年
塚原鉄雄「日本の書物における聞き書の伝統」『思想の科学』第一一一号、一九七九年一〇月
永原慶二『20世紀日本の歴史学』吉川弘文館、二〇〇三年
進士慶幹「『旧事諮問録』について」『旧事諮問録』上、岩波文庫、一九八六年
旧事諮問会編『旧事諮問録』上・下、岩波文庫、一九八六年
前田愛『近代読者の成立』岩波現代文庫、二〇〇一年
三遊亭円朝作『怪談　牡丹燈籠』岩波文庫、二〇〇二年改版
佐志傳『「福翁自傳」の研究　本文編』慶應義塾大学出版会、二〇〇六年
小林多寿子「『福翁自伝』におけるオーラリティと多声性」山田富秋・好井裕明編『語りが拓く地平　ライフストーリーの新展開』せりか書房、二〇一三年
松沢弘陽校注『新日本古典文学大系　明治編10　福澤諭吉集』岩波書店、二〇一一年
松沢弘陽「解説　自伝の「始造」――独立という物語」同前所収
江藤淳・松浦玲編『勝海舟　氷川清話』講談社学術文庫、二〇〇〇年
巌本善治編／勝部真長校注『新訂　海舟座談』岩波文庫、一九八三年
篠田鉱造『増補　幕末百話』岩波文庫、一九九六年
篠田鉱造『明治百話』上・下、岩波文庫、一九九六年

篠田鉱造『幕末明治　女百話』上・下、岩波文庫、一九九七年
柳田国男『遠野物語・山の人生』岩波文庫、二〇〇七年改版
篠田鉱造「私の実話主義」『明治百話』上、岩波文庫、一九九六年
長谷川伸「百話物の三部篇」『幕末明治　女百話』上、岩波文庫、一九九七年
森まゆみ「解説」『明治百話』下、岩波文庫、一九九六年
紀田順一郎「解説」『幕末明治　女百話』下、岩波文庫、一九九七年
福良竹亭「箕面山麓より著者へ」『明治百話』上、岩波文庫、一九九六年
鹿野政直『近代日本の民間学』岩波新書、一九八三年
桑原武夫「解説」『遠野物語・山の人生』岩波文庫、二〇〇七年改版
瀬川清子「舳倉の海女」『嶋』一九三四年前期号
川端道子編「年譜」女性民俗学研究会編『軌跡と変容――瀬川清子の足あとを追う』一九八六年
瀬川清子『海女記』三国書房、一九四二年
鎌田久子「あとがき」女性民俗学研究会編『軌跡と変容――瀬川清子の足あとを追う』一九八六年
瀬川清子『きもの』六人社、一九四八年
杉原達『越境する民――近代大阪の朝鮮人史研究』新幹社、一九九八年

第2章

大門正克「「書くこと」から見える学びの風景」『歴博』第一四五号、二〇〇七年一一月

「特集　方法としての聞き書」『思想の科学』第一一一号、一九七九年一〇月
鶴見俊輔「ききがきについて」『思想の科学』第一一一号、一九七九年一〇月
小平市史編さん委員会『小平市史　近現代編』小平市、二〇一三年
広瀬順晧「「政治談話録音」の経緯と今後の問題――町野武馬氏談話の公開にあたって」『国立国会図書館月報』第三六三号、一九九一年六月
国立国会図書館『木戸幸一政治談話録音速記録』第二巻、一九九七年
堀内寛雄「政治談話録音の五〇年」『国立国会図書館月報』第六一三号、二〇一二年四月
宮田節子（解説・監修）「未公開資料　朝鮮総督府関係者　録音記録（1）　十五年戦争下の朝鮮統治」学習院大学東洋文化研究所『東洋文化研究』第二号、二〇〇〇年三月
朴慶植『朝鮮人強制連行の記録』未来社、一九六五年
野添憲治『花岡事件の人たち――中国人強制連行の記録』評論社、一九七五年
金賛汀編『証言　朝鮮人強制連行』新人物往来社、一九七五年
林えいだい『強制連行・強制労働――筑豊朝鮮人坑夫の記録』現代史出版会、一九八一年
李相旭「朴慶植『朝鮮人強制連行の記録』」歴史学研究会編『歴史学と、出会う――四一人の読書経験から』青木書店、二〇一五年
野添憲治『紙碑を刻んできた』秋田魁新報社、二〇一二年
琉球政府編『沖縄県史　第9巻・各論編8　沖縄戦記録1』一九七一年
沖縄県教育委員会編『沖縄県史　第10巻・各論編9　沖縄戦記録2』一九七四年

沖縄タイムス社編『鉄の暴風　現地人による沖縄戦記』朝日新聞社、一九五〇年
北村毅『死者たちの戦後誌――沖縄戦跡をめぐる人びとの記憶』御茶の水書房、二〇〇九年
鳥山淳「沖縄戦をめぐる聞き書きの登場」『岩波講座アジア・太平洋戦争6　日常生活の中の総力戦』岩波書店、二〇〇六年
宮城聰「戦争体験を記録する」『世界』一九七一年六月
那覇市企画部市史編集室編『那覇市史　資料篇第2巻中の6』那覇市、一九七四年
石原昌家「沖縄戦体験記録運動の展開と継承」『沖縄文化研究』第一二号、一九八六年三月
安仁屋政昭「沖縄戦を記録する」歴史学研究会編『事実の検証とオーラル・ヒストリー　澤地久枝の仕事をめぐって』青木書店、一九八八年
「『東京大空襲・戦災誌』第一巻の編集について」『東京大空襲・戦災誌』第一巻、一九七三年
「『東京大空襲・戦災誌』第二巻の編集について」『東京大空襲・戦災誌』第二巻、一九七三年
早乙女勝元『東京大空襲――昭和20年3月10日の記録』岩波新書、一九七一年
鬼嶋淳「一九七〇年代における空襲・戦災記録運動の展開」『日本史攷究』第三二号、二〇〇八年一一月

第3章

丸岡秀子『女の一生』岩波書店、一九五三年
山代巴『民話を生む人々』岩波新書、一九五八年
鶴見和子「女三代の記――製糸・紡績で働いた祖母と母と娘」『婦人公論』一九五七年一〇月

菊池敬一・大牟羅良編『あの人は帰ってこなかった』岩波新書、一九六四年
小原徳志編『石ころに語る母たち――農村婦人の戦争体験』未来社、一九六四年
岩手県農村文化懇談会編『戦没農民兵士の手紙』岩波新書、一九六一年
大門正克「いのちを守る農村婦人運動――「生存」の足場を創る歴史の試み、岩手県和賀町」大門ほか編『「生存」の東北史――歴史から問う3・11』大月書店、二〇一三年
山本茂実『あゝ野麦峠――ある製糸女工哀史』朝日新聞社、一九六八年
高橋三枝子『小作争議のなかの女たち――北海道・蜂須賀農場の記録』ドメス出版、一九七八年
森崎和江『まっくら――女坑夫からの聞き書き』理論社、一九六一年(引用は、現代思潮社、一九七〇年)
森崎和江「聞き書きの記憶の中を流れるもの」『思想の科学』第一五九号、一九九二年一二月
森崎和江「農奉公人の涙と恐怖――瀬川清子著『村の女たち』を読んで」森崎『異族の原基』大和書房、一九七一年
瀬川清子『きもの』六人社、一九四八年
山崎朋子『サンダカン八番娼館――底辺女性史序章』筑摩書房、一九七二年
山崎朋子「「アジア女性交流史研究」の思い出」山崎朋子・上笙一郎『アジア女性交流史研究　全十八号』港の人、二〇〇四年
山崎朋子『サンダカンまで　わたしの生きた道』朝日新聞社、二〇〇一年
山本茂実・山崎朋子・中村政則「鼎談　底辺史研究への提言」『日本の歴史　月報二九』小学館、一九七六年

林宥一「或る読書体験のこと」林宥一『銀輪』『銀輪』編集委員会、二〇〇〇年
山崎朋子「日本の母親」『幼児と保育』一九六一年
山崎朋子『愛と鮮血――アジア女性交流史』三省堂新書、一九七〇年
古庄ゆき子『ふるさとの女たち――大分近代女性史序説』ドメス出版、一九七五年
古庄ゆき子「女性史・女性学」朝日ジャーナル編『女の戦後史Ⅱ』朝日新聞社、一九八五年
古庄ゆき子「女性史と私――一在野研究者のあゆみ」『総合女性史研究』第二七号、二〇一〇年三月

第4章

大門正克「聞こえてきた声、そして「聞きえなかった声」――ある農村女性の聞き取りから」『歴史評論』第六四八号、二〇〇四年四月
大門正克「昭和初期　山梨の女性たち――聞き取りの経験から」山梨県立大学地域研究交流センター『やまなし地域女性史研究プロジェクト』二〇〇六年
大門正克「人に話を聞くということは、どういうことなのだろうか――歴史学における現場から」『現代民俗学研究』第四号、二〇一二年
大門正克『近代日本と農村社会――農民世界の変容と国家』日本経済評論社、一九九四年
大門正克『民衆の教育経験――農村と都市の子ども』青木書店、二〇〇〇年
大門正克「小作争議のなかの娘たち――山梨・落合争議」『歴史評論』第四六七号、一九八九年三月

第5章

小原麗子「あとがき」小原麗子著／大門正克編・解説『自分の生を編む――小原麗子　詩と生活記録アンソロジー』日本経済評論社、二〇一二年
小原徳志編『石ころに語る母たち――農村婦人の戦争体験』未来社、一九六四年
大門正克「いのちを守る農村婦人運動――「生存」の足場を創る歴史の試み、岩手県和賀町」大門ほか編『「生存」の東北史――歴史から問う3・11』大月書店、二〇一三年
倉地克直「江戸時代史からの感想二、三」『岡山地方史研究』第一二〇号、二〇一〇年四月
高嶋信「大門正克著『戦争と戦後を生きる』を読んで」政治経済研究所『政経研究時報』第一四巻第一号、二〇一〇年六月
中村政則『労働者と農民』小学館、一九七六年
野田公夫「「人びとを主人公にした現代史」の試みをめぐって」『日本史研究』第五七四号、二〇一〇年六月
黒田大介「近現代史研究の新地平　大門正克さんに聞く」上・下『岩手日報』二〇〇九年七月一日・二日
冨永悠介「宮城菊と鄭用錫の出会い」大阪大学大学院文学研究科日本学研究室『日本学報』第三三号、二〇一四年三月
中野卓『口述の生活史――或る女の愛と呪いの日本近代』御茶の水書房、一九七七年
川田順造『無文字社会の歴史――西アフリカ・モシ族の事例を中心に』岩波書店、一九七六年
岸信介・矢次一夫・伊藤隆『岸信介の回想』文藝春秋、一九八一年

山本茂実・山崎朋子・中村政則「鼎談　底辺史研究への提言」『日本の歴史　月報二九』小学館、一九七六年
桜井厚「『口述の生活史』はいかにして成立したか」山田富秋・好井裕明編『語りが拓く地平』せりか書房、二〇一三年
吉沢南『私たちの中のアジアの戦争――仏領インドシナの「日本人」』朝日新聞社、一九八六年（有志舎、二〇一〇年に再刊）
清水透『エル・チチョンの怒り――メキシコにおける近代とアイデンティティ』東京大学出版会、一九八八年
中村政則「「文庫版」再刊にあたって」『労働者と農民』小学館、一九九〇年
「シンポジウム　オーラル・ヒストリー――その意味と方法と現在」『歴史学研究』第五六八号、一九八七年六月
中村政則『日本近代と民衆――個別史と全体史』校倉書房、一九八四年
吉沢南『戦争拡大の構図――日本軍の「仏印進駐」』青木書店、一九八六年
「〈特集〉オーラル・ヒストリー」『歴史学研究』第五六八号、一九八七年六月
歴史学研究会編『オーラル・ヒストリーと体験史――本多勝一の仕事をめぐって』青木書店、一九八八年
歴史学研究会編『事実の検証とオーラル・ヒストリー――澤地久枝の仕事をめぐって』青木書店、一九八八年
吉沢南「あとがきにかえて」歴史学研究会編『事実の検証とオーラル・ヒストリー――澤地久枝の仕事を

めぐって』青木書店、一九八八年
大門正克「オーラル・ヒストリーの実践と同時代史研究への挑戦――吉沢南の仕事を手がかりに」『大原社会問題研究所雑誌』第五八九号、二〇〇七年一二月（のちに、法政大学大原社会問題研究所編『人文・社会科学研究とオーラル・ヒストリー』御茶の水書房、二〇〇九年、所収）
大門正克「未完の同時代史研究」吉沢南『私たちの中のアジアの戦争』有志舎、二〇一〇年

第6章

鹿野政直『化生する歴史学――自明性の解体のなかで』校倉書房、一九九八年
保苅実『ラディカル・オーラル・ヒストリー――オーストラリア先住民アボリジニの歴史実践』御茶の水書房、二〇〇四年
岡本達明・松崎次夫編『聞書　水俣民衆史』全五巻、草風館、一九八九～九〇年
満蒙開拓を語りつぐ会編『下伊那のなかの満州　聞き書き報告集』1～10、飯田市歴史研究所、二〇〇三～二〇一二年
小平市史編さん委員会『小平市史　近現代篇』二〇一三年
宮田節子（解説・監修）「未公開資料　朝鮮総督府関係者　録音資料（1）　十五年戦争下の朝鮮統治」学習院大学東洋文化研究所『東洋文化研究』第二号、二〇〇〇年三月
琉球弧を記録する会編『島クトゥバで語る戦世――一〇〇人の記憶』二〇〇三年
『比嘉豊光写真集　わった～「島クトゥバで語る戦世」』ゆめあ～る、二〇〇七年

鳥山淳「沖縄戦をめぐる聞き書きの登場」『岩波講座アジア・太平洋戦争6　日常生活の中の総力戦』岩波書店、二〇〇六年
久部良和子「沖縄戦証言記録の公開について――オーラル・ヒストリー活用の試み」『沖縄県公文書館研究紀要』第一三号、二〇一一年三月
小林多寿子「オーラル・ヒストリーと地域における個人の〈歴史化〉――沖縄戦体験を語る声と沖縄県米須の場合」『三田社会学』第一五号、二〇一〇年七月
小林多寿子「オーラル・ヒストリーと戦争体験の〈歴史化〉――『沖縄県史』第9巻と宮城聰文書」野上元・小林多寿子編著『歴史と向きあう社会学――資料・表象・経験』ミネルヴァ書房、二〇一五年
蘭由岐子『「病いの経験」を聞き取る――ハンセン病者のライフヒストリー』皓星社、二〇〇四年（のちに新版として生活書院、二〇一七年で発刊）
大門正克「新自由主義時代の歴史学」東京歴史科学研究会編『歴史を学ぶ人々のために――現在をどう生きるか』岩波書店、二〇一七年
大門正克「歴史学の現在――二〇〇一～二〇一五年」歴史学研究会編『第4次　現代歴史学の成果と課題』第1巻、績文堂出版、二〇一七年
本島和人「多様な形と、語りを残し伝える意志――パネル展示「「聞き書き」を聞き取る」から」『飯田市歴史研究所年報』第一三号、二〇一五年八月
本島和人「満州体験者と市民の出会い――地域で満蒙体験を語りつぐこと」『日本オーラル・ヒストリー研究』第二号、二〇〇六年九月

青井のな「歴史と自己の再発見」オーラル・ヒストリー総合研究会『歴史と自己の再発見』二〇一四年
西東京市の女性史を編さんする会編『西東京市の女性の聞き書き集』二〇一〇年
六車由実『介護民俗学へようこそ!――「すまいるほーむ」の物語』新潮社、二〇一五年
小野沢あかね「性売買・日本軍「慰安婦」問題と国家・社会」歴史学研究会編『第4次　現代歴史学の成果と課題』第2巻、績文堂出版、二〇一七年
小野沢あかね「米軍統治下Aサインバーの変遷に関する一考察」『日本東洋文化論集　琉球大学法文学部紀要』第一一号、二〇〇五年
石田米子・内田知行編『黄土の村の性暴力――大娘たちの戦争は終わらない』創土社、二〇〇四年
在日の慰安婦裁判を支える会編『オレの心は負けてない――在日朝鮮人「慰安婦」宋神道のたたかい』樹花舎、二〇〇七年
御厨貴『オーラル・ヒストリー――現代史のための口述記録』中公新書、二〇〇二年
倉敷伸子「女性史研究とオーラル・ヒストリー」『大原社会問題研究所雑誌』第五八八号、二〇〇七年一一月
蘭信三編『満蒙開拓を語りつぐ意義と可能性』京都大学国際交流センター、二〇〇八年
「戦争を語り継ぐ　ひめゆり平和祈念資料館の説明員」共同通信社編『新しい力――私たちが社会を変える』新評論、二〇一七年
小倉康嗣「「あの夏の絵」に描かれたあの感情の意味」『あの夏の絵』チラシ、二〇一六年
小倉康嗣「被爆体験をめぐる調査表現とポジショナリティ」浜日出夫・有末賢・竹村英樹編著『被爆者調

査を読む――ヒロシマ・ナガサキの継承』慶應義塾大学出版会、二〇一三年
大門正克・岡田知弘・川内淳史・河西英通・高岡裕之編『「生存」の東北史――歴史から問う3・11』大月書店、二〇一三年
宮内泰介『歩く、見る、聞く　人びとの自然再生』岩波新書、二〇一七年

あとがき

岩波書店編集部編『3・11を心に刻んで』岩波書店、二〇一二年

大門正克

1953年千葉県生まれ．一橋大学大学院経済学研究科博士課程単位取得．博士(経済学)
現在—早稲田大学教育・総合科学学術院特任教授，横浜国立大学名誉教授
専攻—日本近現代史
著書—『近代日本と農村社会』(日本経済評論社)
『戦争と戦後を生きる』全集 日本の歴史 15(小学館)
『国際社会と日本』Jr.日本の歴史 7(小学館)
『増補版　民衆の教育経験』(岩波現代文庫)
『世界の片隅で日本国憲法をたぐりよせる』(岩波ブックレット) ほか
共編著—『「生存」の東北史』(大月書店)
『「生存」の歴史と復興の現在』(大月書店)
『「生存」の歴史をつなぐ』(績文堂出版) ほか

語る歴史、聞く歴史
—オーラル・ヒストリーの現場から　岩波新書(新赤版)1693

2017年12月20日　第1刷発行
2023年11月6日　第2刷発行

著　者　大門正克《おおかどまさかつ》

発行者　坂本政謙

発行所　株式会社 岩波書店
〒101-8002 東京都千代田区一ツ橋2-5-5
案内 03-5210-4000　営業部 03-5210-4111
http://www.iwanami.co.jp/

新書編集部 03-5210-4054
https://www.iwanami.co.jp/sin/

印刷・理想社　カバー・半七印刷　製本・中永製本

ISBN 978-4-00-431693-0　Printed in Japan

岩波新書新赤版一〇〇〇点に際して

ひとつの時代が終わったと言われて久しい。だが、その先にいかなる時代を展望するのか、私たちはその輪郭すら描きえていない。二〇世紀から持ち越した課題の多くは、未だ解決の緒を見つけることのできないままであり、二一世紀が新たに招きよせた問題も少なくない。グローバル資本主義の浸透、憎悪の連鎖、暴力の応酬——世界は混沌として深い不安の只中にある。

現代社会においては変化が常態となり、速さと新しさに絶対的な価値が与えられた。消費社会の深化と情報技術の革命は、種々の境界を無くし、人々の生活やコミュニケーションの様式を根底から変容させてきた。ライフスタイルは多様化し、一面では個人の生き方をそれぞれが選びとる時代が始まっている。同時に、新たな格差が生まれ、様々な次元での亀裂や分断が深まっている。社会や歴史に対する意識が揺らぎ、普遍的な理念に対する根本的な懐疑や、現実を変えることへの無力感がひそかに根を張りつつある。そして生きることに誰もが困難を覚える時代が到来している。

しかし、日常生活のそれぞれの場で、自由と民主主義を獲得し実践することを通じて、私たち自身がそうした閉塞を乗り超え、希望の時代の幕開けを告げてゆくことは不可能ではあるまい。そのために、いま求められていること——それは、個と個の間で開かれた対話を積み重ねながら、人間らしく生きることの条件について一人ひとりが粘り強く思考することではないか。その営みの糧となるものが、教養に外ならないと私たちは考える。歴史とは何か、よく生きるとはいかなることか、世界そして人間はどこへ向かうべきなのか——こうした根源的な問いとの格闘が、文化と知の厚みを作り出し、個人と社会を支える基盤としての教養となった。まさにそのような教養への道案内こそ、岩波新書が創刊以来、追求してきたことである。

岩波新書は、日中戦争下の一九三八年一一月に赤版として創刊された。創刊の辞は、道義の精神に則らない日本の行動を憂慮し、批判的精神と良心的行動の欠如を戒めつつ、現代人の現代的教養を刊行の目的とする、と謳っている。以後、青版、黄版、新赤版と装いを改めながら、合計二五〇〇点余りを世に問うてきた。そして、いままた新赤版が一〇〇〇点を迎えたのを機に、人間の理性と良心への信頼を再確認し、それに裏打ちされた文化を培っていく決意を込めて、新しい装丁のもとに再出発したいと思う。一冊一冊から吹き出す新風が一人でも多くの読者の許に届くこと、そして希望ある時代への想像力を豊かにかき立てることを切に願う。

（二〇〇六年四月）

岩波新書より

岩波新書より

金沢を歩く	山出　保
ドキュメント 豪雨災害	稲泉　連
ひとり親家庭	赤石千衣子
女のからだ フェミニズム以後	荻野美穂
〈老いがい〉の時代◆	天野正子
子どもの貧困 II	阿部　彩
性と法律	角田由紀子
ヘイト・スピーチとは何か◆	師岡康子
生活保護から考える◆	稲葉　剛
かつお節と日本人	宮内泰介・藤林　泰
家事労働ハラスメント	竹信三恵子
福島原発事故 県民健康管理調査の闇◆	日野行介
電気料金はなぜ上がるのか◆	朝日新聞経済部
おとなが育つ条件	柏木惠子
在日外国人〔第三版〕	田中　宏
まち再生の術語集	延藤安弘
震災日録 記憶を記録する◆	森まゆみ
原発をつくらせない人びと	山秋　真

社会人の生き方◆	暉峻淑子
構造災 科学技術社会に潜む危機	松本三和夫
家族という意志◆	芹沢俊介
ルポ 良心と義務	田中伸尚
夢よりも深い覚醒へ◆	大澤真幸
3・11 複合被災◆	外岡秀俊
子どもの声を社会へ	桜井智恵子
就職とは何か◆	森岡孝二
日本のデザイン	原　研哉
ポジティヴ・アクション	辻村みよ子
脱原子力社会へ◆	長谷川公一
希望は絶望のど真ん中に	むのたけじ
アスベスト 広がる被害	大島秀利
原発を終わらせる	石橋克彦編
日本の食糧が危ない	中村靖彦
希望のつくり方	玄田有史
生き方の不平等◆	白波瀬佐和子
同性愛と異性愛	風間　孝・河口和也
新しい労働社会	濱口桂一郎

世代間連帯	上野千鶴子・辻元清美
道路をどうするか	五十嵐敬喜・小川明雄
子どもの貧困	阿部　彩
子どもへの性的虐待◆	森田ゆり
テレワーク 「未来型労働」の現実	佐藤彰男
反貧困	湯浅　誠
不可能性の時代	大澤真幸
地域の力	大江正章
少子社会日本	山田昌弘
親米と反米	吉見俊哉
「悩み」の正体	香山リカ
変えてゆく勇気◆	上川あや
戦争で死ぬ、ということ	島本慈子
ルポ 改憲潮流	斎藤貴男
社会学入門	見田宗介
冠婚葬祭のひみつ	斎藤美奈子
少年事件に取り組む	藤原正範
悪役レスラーは笑う◆	森　達也
いまどきの「常識」◆	香山リカ

岩波新書より

働きすぎの時代◆	森岡孝二
桜が創った「日本」	佐藤俊樹
生きる意味	上田紀行
社会起業家◆	斎藤　槙
逆システム学◆	金子　勝・児玉龍彦
男女共同参画の時代	鹿嶋　敬
当事者主権	中西正司・上野千鶴子
豊かさの条件	暉峻淑子
クジラと日本人	大隅清治
人生案内	落合恵子
若者の法則	香山リカ
自白の心理学	浜田寿美男
原発事故はなぜくりかえすのか	高木仁三郎
日本の近代化遺産	伊東　孝
証言 水俣病	栗原　彬編
日の丸・君が代の戦後史◆	田中伸尚
コンクリートが危ない	小林一輔
東京国税局査察部	立石勝規
バリアフリーをつくる	光野有次
ドキュメント 屠場	鎌田　慧
能力主義と企業社会	熊沢　誠
現代社会の理論	見田宗介
原発事故を問う◆	七沢　潔
災害救援	野田正彰
スパイの世界	中薗英助
都市開発を考える	大野輝之・レイコ・ハベ・エバンス
ディズニーランドという聖地	能登路雅子
原発はなぜ危険か◆	田中三彦
豊かさとは何か	暉峻淑子
農の情景	杉浦明平
異邦人は君ヶ代丸に乗って	金　賛汀
読書と社会科学	内田義彦
文化人類学への招待◆	山口昌男
ビルマ敗戦行記	荒木　進
プルトニウムの恐怖	高木仁三郎
日本の私鉄	和久田康雄
社会科学における人間	大塚久雄
女性解放思想の歩み	水田珠枝
沖縄ノート	大江健三郎
沖縄	比嘉春潮
民話	関　敬吾
唯物史観と現代〔第二版〕	梅本克己
民話を生む人々	山代　巴
米軍と農民	阿波根昌鴻
沖縄からの報告	瀬長亀次郎
結婚退職後の私たち	塩沢美代子
ユダヤ人◆	J-P・サルトル　安堂信也訳
社会認識の歩み◆	内田義彦
社会科学の方法	大塚久雄
自動車の社会的費用	宇沢弘文
上海	殿木圭一
現代支那論	尾崎秀実

岩波新書より

日本史

読み書きの日本史　八鍬友広
日本中世の民衆世界　三枝暁子
森と木と建築の日本史　海野聡
幕末社会　須田努
江戸の学びと思想家たち　辻本雅史
上杉鷹山　「富国安民」の政治　小関悠一郎
藤原定家『明月記』の世界　村井康彦
性からよむ江戸時代　沢山美果子
景観からよむ日本の歴史　金田章裕
律令国家と隋唐文明　大津透
伊勢神宮と斎宮　西宮秀紀
百姓一揆　若尾政希
給食の歴史　藤原辰史
大化改新を考える　吉村武彦
江戸東京の明治維新　横山百合子
戦国大名と分国法　清水克行

東大寺のなりたち　森本公誠
武士の日本史　髙橋昌明
五日市憲法　新井勝紘
後醍醐天皇　兵藤裕己
茶と琉球人　武井弘一
近代日本一五〇年　山本義隆
語る歴史、聞く歴史　大門正克
義経伝説と為朝伝説　日本史の北と南　原田信男
出羽三山　山岳信仰の歴史を歩く　岩鼻通明
日本の歴史を旅する　五味文彦
一茶の相続争い　高橋敏
鏡が語る古代史　岡村秀典
日本の近代とは何であったか　三谷太一郎
戦国と宗教　神田千里
古代出雲を歩く　平野芳英
自由民権運動　〈デモクラシー〉の夢と挫折　松沢裕作
風土記の世界　三浦佑之

京都の歴史を歩く　小林丈広・高木博志・三枝暁子
蘇我氏の古代　吉村武彦
昭和史のかたち◆　保阪正康
「昭和天皇実録」を読む　原武史
生きて帰ってきた男　小熊英二
遺骨　戦没者三一〇万人の戦後史　栗原俊雄
在日朝鮮人　歴史と現在　水野直樹・文京洙
京都〈千年の都〉の歴史　高橋昌明
唐物の文化史◆　河添房江
小林一茶　時代を詠んだ俳諧師　青木美智男
信長の城　千田嘉博
出雲と大和　村井康彦
女帝の古代日本◆　吉村武彦
コロニアリズムと文化財　荒井信一
特高警察　荻野富士夫
古代国家はいつ成立したか　都出比呂志
渋沢栄一　社会企業家の先駆者　島田昌和

(2023.7)　◆は品切，電子書籍版あり．(N1)

岩波新書/最新刊から

1982 **パリの音楽サロン**
—ベルエポックから狂乱の時代まで—
青柳いづみこ 著
サロンはジャンルを超えた若い芸術家たちが才能を響かせ合い、新しい芸術を作る舞台だった。パリの芸術家たちの交流を描く。

1983 **桓武天皇**
—決断する君主—
瀧浪貞子 著
二度の遷都と東北経営、そして弟・早良親王との確執を乗り越えた、類い稀なる決断力。「造作と軍事の天皇」の新たな実像を描く。

1984 **ハイチ革命の世界史**
—奴隷たちがきりひらいた近代—
浜忠雄 著
反レイシズム・反奴隷制・反植民地主義を掲げ近代の一大画期となったこの革命と、苦難にみちたその後を世界史的視座から叙述。

1985 **アマゾン五〇〇年**
—植民と開発をめぐる相剋—
丸山浩明 著
各時代の列強の欲望が交錯し、激しい覇権争いが繰り広げられてきたアマゾン。特異な大地のグローバルな移植民の歴史を俯瞰する。

1986 **トルコ**
建国一〇〇年の自画像
内藤正典 著
世俗主義の国家原則をイスラム信仰と整合させる困難な道を歩んできたトルコ。その波乱の過程を、トルコ研究の第一人者が繙く。

1987 **循環経済入門**
—廃棄物から考える新しい経済—
笹尾俊明 著
「サーキュラーエコノミー(循環経済)」とは何か。持続可能な生産・消費、廃棄物処理・資源循環のあり方を経済学から展望する。

1988 **文学は地球を想像する**
—エコクリティシズムの挑戦—
結城正美 著
環境問題を考える手がかりは文学にある。エコクリティシズムの手法で物語に分け入り、地球と向き合う想像力を掘り起こす。

1989 **シンデレラはどこへ行ったのか**
—少女小説と『ジェイン・エア』—
廣野由美子 著
強く生きる女性主人公の物語はどこから？英国の古典的名作『ジェイン・エア』から始まる脱シンデレラ物語の展開を読み解く。

(2023.10)